Alexander Sagi

Verhaltensauffällige Kinder im Kindergarten

Ursachen und Wege zur Heilung

Herder Freiburg · Basel · Wien

7. Auflage

Einbandfoto: Hartmut W. Schmidt, Freiburg

Herstellung: Freiburger Graphische Betriebe 1993
ISBN 3-451-19324-8

Vorwort

"Hilf mir jetzt"

Die Symptome der Verhaltensauffälligkeit sind gleichzeitig Signale des Kindes: Hilf mir! Es befindet sich in einer auswegslosen Situation, aus der es sich nicht mehr ohne fremde Hilfe befreien kann. Könnte es die bevorstehende Zukunft überschauen, würde es wohl rufen: Hilf mir jetzt! Denn später, wenn es in die Schule geht, hat es kaum noch Zeit, sich helfen zu lassen. Außerdem wird die Störung in der Schule in der Regel weiter verstärkt, sei es durch Hänseleien der neuen Freunde oder durch die immer härtere Leistungsanforderung.

Natürlich setzen die hier gegebenen Informationen Ihre Ausbildung voraus; das Problem verhaltensauffälliger Kinder ist Ihnen nicht neu. Mag es auch noch so „modern" sein, die Lösung allein im Verhalten der Umgebung zu suchen, in Wirklichkeit handelt es sich um gestörte Kinder, die der Hilfe bedürfen.

Dieses Buch soll Ihnen helfen, verhaltensauffällige Kinder im Kindergarten besser zu verstehen und ihnen im Rahmen des pädagogischen Alltags mutiger zu helfen. Es strebt keine Vollständigkeit an, vielmehr will es die auffallendsten Probleme so darstellen, daß Sie die Erscheinungsformen kennenlernen und beurteilen können. So sind Sie besser darauf vorbereitet, wenn Sie in Ihrem Alltag im Kindergarten zum Beispiel wahrnehmungsgestörten, ängstlichen und aggressiven, sozialgestörten, sprachbehinderten, einnässenden, daumenlutschenden und nägelkauenden Kindern begegnen und auch das Gespräch mit deren Eltern führen müssen[1].

---

[1] Über Elternarbeit im Kindergarten informiert Christine Merz in der Reihe „Praxisbücher Kindergarten" mit ihrem Band: „Im Kontakt mit Eltern – Ratschläge für die Elternarbeit" (Verlag Herder, Freiburg 4. Aufl. 1990)

Das Buch ist nicht geeignet als Lehrbuch für die Durchführung von Therapien; dazu müßten viel mehr und viel weitergehende Informationen gegeben werden. Außerdem kann selbständig nur derjenige Therapien durchführen, welcher sie erst einmal unter regelmäßiger Praxisanleitung durchgeführt hat.

Trotzdem sollten Sie als Erzieherin auch nicht zu bescheiden sein: Ohne Ihre Hilfe kann keine Therapie sinnvoll geplant, auch nicht effektiv durchgeführt werden. Auch sind Sie imstande, unter entsprechender Anleitung wesentliche Teile der Therapie im erzieherischen Alltag durchzuführen. Dadurch erhöht sich die therapeutische Wirkung, denn Sie begegnen demselben Kind, das der Therapeut höchstens zweimal in der Woche sehen würde, täglich sechs Stunden.

Am Ende des Buches finden Sie ein Literaturverzeichnis, das entsprechend den Abschnitten geordnet ist. Sind Sie an einem Problem besonders interessiert, finden Sie dort weiterführende Literatur. Wird im Text ein Autor erwähnt, so ist das bezogene Buch auf jeden Fall im Literaturverzeichnis angegeben.

Es wäre vermessen, darauf zu hoffen, daß Sie nach Lesen des Buches alle Ihre pädagogischen Probleme im Kindergarten ohne fremde Hilfe lösen können. Aber vielleicht hilft es Ihnen, sie besser zu begreifen und anderen leichter darzustellen. Vielleicht regt es Sie auch an, für das eine oder andere Problem besondere Sensibilität zu entwickeln und dafür in anderen Büchern weiterzulesen. Damit wäre der Sinn des Buches erreicht.

Es gibt keine Zeit im Leben des Menschen, in der er für seine motorische, soziale, emotionale und kognitive Entwicklung bedeutsamer geprägt würde als die Zeit im Kindergarten.

Es gibt aber auch keine Zeit mehr, in der einem Menschen effektiver geholfen werden könnte als im Kindergartenalter, sofern jemand merkt, daß er der Hilfe bedarf.

Der Autor

Inhalt

Vorwort: „Hilf mir jetzt!

1. *Was Pädagogik und Heilpädagogik gemeinsam haben, und worin sie sich unterscheiden* 9

2. *Was wir unter Verhaltensauffälligkeit verstehen* . 14
   2.1 Die statistische Norm 16
   2.2 Die soziokulturelle Norm 17
   2.3 Die individuelle Seinsnorm 18
   2.4 Die allgemeine Verhaltensnorm 20

3. *Wahrnehmungsstörungen und welche Rolle sie spielen* 23
   3.1 Was Wahrnehmung ist, und wie sie sich entwickelt 24
   Modalitätsstufe 27 – Intermodalitätsstufe 28 – Serialstufe 29 – Intentionale Stufe 29 – Symbol-Stufe 30 – Körperschema 31
   3.2 Wahrnehmungsstörung und Wahrnehmungstraining 33

4. *Wie sich Sozialverhalten und Verhaltensstörung im Kinderalltag äußern* 37

5. *Wer Angst hat, schlägt leichter zu – Das ängstliche und aggressive Kind* 46
   5.1 Angst und Aggressivität 48
   5.2 Hilfe im Kindergarten 56

6. *Wie späteres Schulversagen oft bereits im Kindergarten erkannt werden kann* 60
   6.1 Frühsymptome der neurotischen Leistungsminderung 61

6.2 Frühsymptome der Legasthenie 65
6.3 Hilfe im Kindergarten 67
    Konzentrationsschwächen 67
    Herabsetzung der Prägnanz 69
    Orientierungsschwäche 71

7. *Über die Sprache, die mehr als nur Kommunikationsmittel ist* 72
7.1 Sprachstörungen, alarmierende Zeichen . . 78
7.2 Stottern, die häufigste Sprechstörung . . . 81
7.3 Möglichkeiten der Hilfe 86

8. *Wofür psychosomatische Störungen unübersehbare Warnzeichen sind* 88
8.1 Einnässen stört immer die Familie, manchmal auch das Kind 89
8.2 Möglichkeiten der Hilfe 91
8.3 Daumenlutschen, Nägelkauen, Haarausreißen 97

9. *Methoden, die sachgemäß helfen können* 101
9.1 Diagnostische Methoden 101
    Verhaltensbeobachtung und Verhaltensanalyse 102
    Anamnese 109
    Anamneseschema 113
9.2 Behandlungsmethoden 112
    Heilpädagogische Spieltherapie 117
    Heilpädagogische Übungsbehandlung . . 120
    Heilpädagogische Rhythmik 123
    Verhaltenstherapie 125

10. *Die Rolle der Erzieherin* 130

Literaturverzeichnis 133

Stichwortverzeichnis 139

Was Pädagogik und Heilpädagogik gemeinsam haben und worin sie sich unterscheiden

 Die vierjährige Monika kommt zum ersten Mal in den Kindergarten. Sie läuft zur Erzieherin, die sie bei einem vorausgegangenen Besuch bereits kennengelernt hat, und weicht nicht mehr von ihrer Seite. Sie hat offensichtlich Angst vor den Kindern und geht auf keines der Angebote ein, das sie in das Spielgeschehen integrieren und von der Erzieherin trennen müßte. Die Mutter ist erschrocken. Wie wird das später in der Schule sein? Ob sie mit dem Kind gleich zu einer Erziehungsberatungsstelle gehen sollte?

Die Erzieherin rät zu Geduld. Monika muß sich erst einmal an die Gruppe gewöhnen. Bei ihrer Angst muß es sich nicht gleich um ein behandlungsbedürftiges Fehlverhalten handeln.

Sie beginnt, mit Monika an ihrer Seite, mit einem anderen Kind zu spielen und zieht Monika immer mehr in das Spiel hinein. Einige Tage später kann sie sich nach kurzer Zeit aus dem begonnenen Spiel zurückziehen, ohne daß Monika gleich mit ihr geht. Nach einem Vierteljahr ist Monika im Spielverhalten völlig unauffällig.

Das ursprüngliche Verhalten Monikas war ohne Zweifel auffällig, in der Folge ist Heilpädagogisches geschehen, allerdings im pädagogischen Bereich.

Nach unserem Verständnis gehört das Problem der Verhaltensauffälligkeit in den Bereich der Heilpädagogik;

heilpädagogisches Handeln kann jedoch nur methodisch vom pädagogischen Handeln getrennt werden. Deshalb müssen wir im Interesse der besseren Verständigung zunächst kurz darstellen, was wir unter Pädagogik und unter Heilpädagogik verstehen, zumal wir im folgenden immer wieder auf diese Begriffe zurückgreifen werden.

Natürlich könnte man statt Pädagogik Erziehung und statt Heilpädagogik Heilerziehung sagen, inhaltlich wäre das kein Unterschied. Sprachliche Verständigung ist jedoch nicht nur eine Frage der inhaltlichen Stimmigkeit im Sinne einer objektiven Bedeutungslogik, sondern auch der stillschweigenden Übereinkunft der Betroffenen. So hat es sich eingebürgert, unter Pädagogik nicht nur die Lehre von der Erziehung, sondern auch das gesamte Erziehungsgeschehen zu verstehen. Heilerziehung wird in der Regel auf die spezifischen Bemühungen um Behinderte bezogen, Heilpädagogik dagegen umfaßt alle Bemühungen um behinderte und verhaltensauffällige Kinder und Jugendliche sowie die Lehre von diesen Bemühungen. (Eine eigene Terminologie hat BACH entwickelt.)

▶ Unter **Erziehung** verstehen wir die Gesamtheit von Tätigkeiten, Anregungen und Motivationen, die geeignet sind, das Kind im motorischen, emotionalen, sozialen und kognitiven Bereich zu fördern. Gefördert wird also sowohl durch direkten Eingriff (Hilfestellung) als auch durch gezielte Anregung (gestaltete Umgebung, beispielhaftes Verhalten) sowie durch Motivationen (Zuwendung, Lob und Tadel).

Erziehung geschieht, d. h.: pädagogisch wird gehandelt, wenn die Mutter das Kind anlächelt, einfach weil es da ist; wenn das Kind durch Mimik, Gestik und Hinweise seiner Umgebung lernt, zwischen bekannten und unbekannten, befugten und unbefugten Personen zu unterscheiden; wenn es Vater und Mutter (und weitere Bezugspersonen) als hilfsbereit erlebt, wenn es von ihnen gefordert wird und der angemessenen Forderung entsprechen kann oder beim Versagen getröstet wird. Aber auch, wenn es lernt zu schweigen, wenn andere reden, beim Essen zu warten, bis es an der Reihe ist; wenn ihm eine Sprache vermittelt wird, mit der es Fragen formulieren, Antworten verstehen und eigene Wünsche argumentativ vertreten kann. Unverzichtbarer Bestandteil der Erziehung ist das Angebot sozial verantworteter Formen der Konfliktlösung. Daran lernt das Kind zwischen richtig und falsch, erlaubt und unerlaubt zu unterscheiden.

Die Vorstellung, das Kind könnte ohne Angebote liebender Bezugspersonen rechtzeitig eigene Verhaltensnormen entwickeln, verrät mangelnde Kenntnis entwicklungspsychologischer Zusammenhänge. Das Kind muß wertgebundene Entscheidungen fällen – soll es sich ein gewünschtes Spielzeug von einem kleineren Kind mit Gewalt holen? soll es der Mutter die Wahrheit sagen? –, lange bevor es imstande ist, diese kritisch zu überprüfen. Dieselben Menschen, die die Verantwortung für das Leben eines Menschen übernommen haben, werden auch die Verantwortung für seine erste Wertorientierung übernehmen müssen.

▶ Ziel der Erziehung ist, das Kind unter Förderung seiner Fähigkeiten zur sozialen Autonomie zu führen, d. h.: Es soll lernen, sein Verhalten unter Beachtung übergeordneter Zielvorstellungen selbst zu steuern. Unter Zielvorstellungen verstehen wir die Gesamtheit der von positiven Identifikationspersonen übernommenen und mit zunehmendem Alter kritisch überprüften Werthaltungen, die durch Integration ins eigene Ich (Internalisierung) zu persönlichen Verhaltensnormen werden.

Diese **natürliche Erziehung** kann nur funktionieren, wenn die altersgerechte Entwicklung des Kindes auf das zuverlässige Angebot einer emotional zugewandten, an Lernanreizen reichen, schützenden und bergenden Umgebung trifft.

Heilpädagogisches Handeln wird nötig, wenn die natürliche Erziehung zu versagen droht oder bereits versagt hat. Das muß vermutet werden, wenn
- die Fähigkeiten des Kindes nicht altersgerecht entwickelt sind,
- das Kind nicht imstande ist, seine vorhandenen Fähigkeiten im motorischen, sozialen, emotionalen und/oder kognitiven Bereich altersgemäß selbständig einzusetzen,
- das Kind Verhaltensweisen zeigt, die seine soziale Integration, damit seine weitere altersgerechte Entwicklung, auf die Dauer hemmen.

Dabei bleibt es weitgehend bedeutungslos, ob die Ursache des Versagens in Defiziten

- des Kindes (Sprach-/Sprechbehinderung, Sinnesbehinderung, Körperbehinderung, geistige Behinderung),
- der Familie (fehlende emotionale Sicherung, keine entwicklungsgerechten Lernanreize) oder
- der weiteren Umgebung (z. B. Randgruppenverwahrlosung) begründet ist.

▶ Heilpädagogisches Handeln unterscheidet sich vom pädagogischen Handeln weder in der Zielsetzung (Weckung und Aufbau von Fertigkeiten, Aufbau autonomen, sozial verantworteten Verhaltens), noch in den unverzichtbaren Bedingungen (Schaffung einer schützenden, emotional tragenden Atmosphäre, Angebot einer persönlichen Bindung, d. h.: Einbringen der eigenen Person in den pädagogischen Prozeß), wohl aber in der eingeschränkten Zielgruppe (Verhaltensgestörte, Behinderte) und in den Methoden. Vieles, das in der natürlichen Erziehung im Alltag unbeabsichtigt geschieht, muß in der Heilpädagogik geplant werden.

Es ist noch nicht lange her, daß man von heilpädagogischen Methoden sprechen kann. Die Heilpädagogen der ersten Stunde waren begabte Erzieher, die meisten Ärzte oder Lehrer, sie haben entweder eine Methode für ein bestimmtes Kind entwickelt wie ITARD für Victor, den wilden Jungen von Aveyron, einen wertvollen methodischen Ansatz generalisiert, wie SEGUIN in seiner „physischen Sinnesbildung" oder besonders wirksames Material mit einem differenzierten methodischen Angebot zur Verfügung gestellt wie FRÖBEL und MONTESSORI.

Inzwischen gibt es erprobte heilpädagogische Methoden, wenn auch die Erprobung häufig im Sinne einer Bestätigung durch die Erfahrung und nicht in dem der exakten experimentellen Überprüfung verstanden werden muß. Dies hat die Heilpädagogik mit manchen hilfreichen Methoden im pädagogischen und therapeutischen Bereich gemeinsam.

Die heilpädagogischen Methoden sind eklektisch entstanden, d. h., aus bewährten pädagogischen und therapeutischen Ansätzen wurden Teile entnommen und diese unter dem Gesichtspunkt der Zielsetzungen und des Personenkreises der Heilpädagogik zu einem neuen, heilpädagogischen Ansatz entwickelt.

Sie lassen sich am besten nach dem Personenkreis, für den sie entwickelt worden sind, einteilen:

● Methoden, die sich schwerpunktmäßig an Verhaltensgestörte wenden, wie die heilpädagogische Spieltherapie,
● Methoden, die sich schwerpunktmäßig an geistig Behinderte wenden, wie die heilpädagogische Übungsbehandlung,
● Methoden, die sich gleichwertig an beide Personenkreise wenden, wie die heilpädagogische Rhythmik.

Die Grenzen sind allerdings fließend. Fehlen bei einem verhaltensgestörten Kind altersgerechte Fertigkeiten, obwohl die körperlichen und geistigen Bedingungen erfüllt sind, wird man auch auf die heilpädagogische Übungsbehandlung zurückgreifen. Zeigt ein geistig behindertes Kind Verhaltensauffälligkeiten, wird man auch die heilpädagogische Spieltherapie anwenden.

2   Was wir unter Verhaltensauffälligkeit verstehen

► Spricht man in der Heilpädagogik vom Verhalten, so meint man grundsätzlich konfliktlösendes Verhalten. Verhaltensauffällig wird also jemand dadurch, daß er seine Konflikte falsch löst, mit anderen Worten: sein (konfliktlösendes) Verhalten weicht von einer Norm ab.

Damit haben wir eine Kernfrage auffälligen Verhaltens berührt, die SCHENK wie folgt formuliert: „Wer bezeichnet welches Verhalten unter welchen Umständen bei wem mit welcher Verbindlichkeit und welchen Konsequenzen als welche Form abweichenden Verhaltens?"

● Wer stellt die Diagnose? Ist es der Arzt, der Psychologe oder der Heilpädagoge? In Wirklichkeit wird nur ein Team eine zuverlässige Diagnose erarbeiten können, bestehend aus den Genannten, der Erzieherin und der Familie des verhaltensauffälligen Kindes. Neben der mehr punktuellen ärztlichen und psychodiagnostischen Untersuchung wird die Verhaltensbeobachtung durch den Heilpädagogen und der Bericht über die Entwicklung seiner Auffälligkeiten im Familienverband unverzichtbare Daten dazu liefern. Besucht das Kind den Kindergarten, ist der Erfahrungsbericht der Erzieherin ebenfalls Bestandteil einer gewissenhaft erstellten Diagnose.

- Was sind die Kriterien **abweichenden** Verhaltens?
  Das ist die Gretchenfrage nicht nur der Heilpädagogik
  sondern auch der Sozialarbeit, der Soziologie, der So-
  zialmedizin und der Psychiatrie. Die Antwort darauf
  setzt Kenntnis des unauffälligen, richtigen Verhaltens
  voraus. Wir werden bald sehen, daß es gar nicht leicht
  ist, eine begründete Antwort zu formulieren.

- Unter welchen **Umständen** kann abweichendes Verhalten gemessen werden?
  Muß ein Kind sich unter allen Umständen richtig verhalten – wie man auch richtiges Verhalten definieren
  mag –, um dem Stempel der Verhaltensauffälligkeit zu
  entgehen, oder gibt es extreme Umstände, bei denen
  unsere Maßstäbe grundsätzlich versagen? Wir können
  zuverlässige Kriterien richtigen Verhaltens für ein
  Kind, das soeben sein Lieblingsspielzeug zerstört vor-
  gefunden hat, dessen Mutter nicht rechtzeitig in die
  Wohnung zurückgekehrt ist, das sich in seiner Existenz bedroht fühlt, überhaupt nicht formulieren.
  Demnach **kann** auch abweichendes Verhalten nur unter alltäglichen Umständen, und zwar unter dem Gesichtspunkt des Kindes, definiert werden.

- Die Aussage, ein Kind zeige abweichendes Verhalten,
  hat nur soweit **Verbindlichkeit,** soweit wir imstande
  sind, uns in die subjektiv empfundene Situation des
  Kindes einzufühlen.
  Es können auch die Situationen, denen ein Kind ausge-
  setzt wird, von der sozialen Norm abweichend sein,
  und daran gemessen das angeblich abweichende Verhalten des Kindes in Wirklichkeit situationsgerecht,
  also angemessen.

- Welche **Konsequenzen** hat für das Kind diagnostizier-
  tes Fehlverhalten?
  In der Familie kann es zu einer verschärften Beobach-
  tungssituation führen; ein Kind, bei dem Jugendamt
  oder Sozialhilfe tätig geworden sind, kann das ein Leben lang als Stempel tragen. Selbst harmlose, altersbe-

dingte und im sozialen Durchschnitt unauffällige Fehlverhaltensweisen, auch wenn sie nur kurzfristig, zeitweise auftreten, werden dem früheren „Urteil" zugerechnet und bestätigen es immer wieder. Die damals getroffene **Bezeichnung** – verhaltensgestört, verwahrlost, psychisch krank, behindert, asozial – kann spätere Kategorisierung vorzeichnen und damit wesentlich in die Lebensgestaltung des Jugendlichen eingreifen.

▶ Abweichendes Verhalten kann nur vor dem Hintergrund unauffälligen, richtigen Verhaltens dargestellt werden. Deshalb müssen wir jetzt nach dem Maßstab richtigen Verhaltens fragen. Damit sind wir beim **Normbegriff** angelangt.

Welche Maßstäbe erlauben es uns, die Norm des richtigen Verhaltens festzulegen?

2.1 Die statistische Norm

Man kann Menschen in bestimmten Situationen beobachten und ihr Verhalten beschreiben. Dabei muß es sich um Situationen handeln, die einen bestimmten Aufforderungscharakter haben und dadurch konfliktlösendes Verhalten provozieren. Hat man viele Menschen in ähnlichen Situationen – d. h., in Situationen mit vergleichbarem Aufforderungscharakter – beobachtet und bei ihnen übereinstimmende Verhaltensmerkmale gefunden, so weiß man, wie sich Menschen in dieser Situation üblicherweise verhalten. Mit Hilfe der statistisch bekannten Größe der „Standardabweichung" kann der Spielraum abgesteckt werden, in dem sich übliches Verhalten bewegt. Beobachtet man danach in einer ähnlichen Situation einen einzelnen, so kann man sein Verhalten mit dem bereits bekannten Durchschnittsverhalten vergleichen und beurteilen, ob sein Verhalten statistisch richtig oder von der statistischen Norm abweichend war.

Diese Sichtweise bietet unbestreitbare Vorteile: Vor allem schützt sie das Individuum vor dem Anspruch autoritärer Kleingruppen. Durch den Vergleich seines Verhaltens mit dem in der Gesamtpopulation üblichen Verhalten läuft es weniger Gefahr, ins abnorme Abseits gestellt zu werden, weil es etwa ideologisch definierten Idealnormen nicht entspricht. Es kann auch nicht durch seltenes Fehlverhalten in die Gruppe der Verhaltensauffälligen eingereiht werden. Die statistische Ausgewogenheit der Beurteilung ist gesichert.

So entspricht ein Kind, das ab und zu mal die Unwahrheit sagt, möglicherweise nicht der Idealnorm der Kleingruppe, die bedingungslos die Wahrheit verlangt, wohl aber der statistischen Norm der Kinder in der Gesamtpopulation; es kann nicht als verhaltensauffällig bezeichnet werden.

▶ Gegen die unreflektierte Anwendung des statistischen Normbegriffes bestehen jedoch erhebliche Bedenken, vor allem, weil dadurch angepaßtes Verhalten kritiklos zum verbindlichen Verhalten erklärt werden kann. Allzuleicht erscheint das Übliche im Konformen verwirklicht, aber oft entsteht der Gesellschaft Nutzen durch nichtkonformes, unübliches Verhalten. So kann Abweichung auch erwünscht und Konformität schädlich sein.

2.2 Die soziokulturelle Norm

Die soziokulturelle Norm scheint auf den ersten Blick der statistischen Norm zu entsprechen, beim näheren Zusehen werden Unterschiede deutlich.

Man kann die Gruppe auch als eine Einheit definieren, die ein System von Wertvorstellungen, damit auch ein System von akzeptierten und sanktionierten (zulässigen und strafwürdigen) Konfliktlösungen für gültig hält. Damit ist nicht mehr das Faktische (das Übliche), sondern das Gültige (das Erwartete) die Norm richtigen Verhaltens.

Das Gültige wird jedoch vielfach von Kleingruppen definiert, denen sich einzelne verbunden fühlen.

In der Großgruppe, z. B. im Kulturkreis, wird man das Gültige nur teilweise übereinstimmend definieren können. Deshalb führt die Pluralität der Kleingruppen – und deren eigenständige Definition des jeweils gültigen Verhaltens – unweigerlich zu Spannungen in der Gesamtpopulation: Je nach Wertorientierung der Mitglieder verschiedener Kleingruppen wird man bei verschiedenen Individuen dasselbe Verhalten mal als richtig und mal als falsch bezeichnen müssen. So wird man die Frage nach den Bedingungen erfolgreichen schulischen Leistungsverhaltens in der Gesamtpopulation mit einheitlichem Schulsystem für die Mitglieder verschiedener Kleingruppen weitgehend übereinstimmend beantworten können. Die Frage nach dem richtigen Verhalten im Falle eines ungerechten Angriffs wird man dagegen je nach Überzeugung der Kleingruppe von der erlaubten Abwehr bis zur geforderten Duldung sehr verschieden beantworten müssen.

In manchen Bereichen ist die Anwendung der soziokulturellen Norm unabdingbar, so z. B. in der Rechtsprechung, allerdings eingeengt auf die im Kulturkreis übereinstimmenden Formen der zulässigen Konfliktlösung. Die Richter nennen das „natürliches Rechtsempfinden".

▶ Eine Grundlage für die verläßliche Bestimmung richtigen Verhaltens bietet die soziokulturelle Norm dem einzelnen nicht, wenn man unter richtigem Verhalten das mit der persönlichen Überzeugung übereinstimmende Verhalten versteht.

2.3 Die individuelle Seinsnorm

Sowohl die statistische als auch die soziokulturelle Norm orientieren sich am Sozialverband. Die individuelle Seinsnorm versucht dem einzelnen gerecht zu werden, indem sie seine bisherigen Verwirklichungen und seine vermutlichen Möglichkeiten zur Grundlage der Normfindung macht. Dabei wird auf die Gemeinschaft offensichtlich weniger Rücksicht genommen. Der Mensch müsse das Recht haben, das zu werden, was er potentiell, d. h. in seinen Möglichkeiten bereits ist.

Damit ist auch subjektives Zumutsein angesprochen, etwa im Sinne des „sozialen Wohlbefindens", das die WHO (Weltgesundheitsorganisation) in ihrer Definition der Gesundheit als deren integrierenden Bestandteil nennt. Demnach wäre richtiges Verhalten das zur persönlichen Verwirklichung führende Verhalten, das zwar auch im sozialen Kontext gesehen, aber auch ohne Rücksicht auf soziale Belange definiert werden kann.

In Wirklichkeit existiert bereits die individuelle Seinsnorm in vielen Bereichen, am deutlichsten bei unserem Verständnis von der Krankheit. Das Krankheitsgefühl ist neben der Erfahrung abweichender physischer und psychischer Funktionen sowohl Bestandteil der Krankheit als auch Bedingung mancher therapeutischer Bemühungen, insbesondere bei der Beseitigung abweichenden Verhaltens. Auch die Vorstellung, die Bürger eines Landes müßten das Recht haben, ohne sozial bedingte Einschränkungen eine ihren persönlichen Fähigkeiten und Neigungen entsprechende Berufsausbildung zu erhalten, geht von der individuellen Seinsnorm aus.

Das letzte Beispiel zeigt bereits die Problematik: Berücksichtigt man bei der Berufswahl nur persönliche Bedingungen, gibt es spätestens beim Berufsvollzug Schwierigkeiten. Die Gemeinschaft braucht eben nur eine bestimmte Zahl von verschiedenen Fachleuten. Läßt man dies außer Acht, wird man früher oder später vor die Wahl gestellt, entweder auf persönliche Zielsetzungen oder auf einen Teil der sozialen Integration zu verzichten.

2.4 Die allgemeine Verhaltensnorm

Keiner der bislang angeführten Normbegriffe bietet der Erzieherin ausreichend Sicherheit, richtiges – damit schlußfolgernd auch abweichendes, auffälliges – Verhalten in der erforderlichen Breite und mit der nötigen Genauigkeit zu beurteilen.

Sowohl der statistische als auch der soziokulturelle und der individuelle Normbegriff enthalten jedoch unverzichtbare Elemente: Das Kind soll das Übliche beherrschen, das Gültige anstreben und das Persönliche sozial rücksichtsvoll durchzusetzen lernen.

Deshalb erscheint es richtig und sinnvoll, im Sinne einer Synthese eine allgemeine Verhaltensnorm zu konstruieren. Demnach kann normgerechtes, richtiges Verhalten daran erkannt werden, daß das Kind auf jeweils alterstypische Weise

● sich immer mehr als einmalige, selbständige Persönlichkeit empfindet,
● sich als gleichwertigen Partner den anderen mitteilt und diese als solche akzeptiert,
● persönliche Zielsetzungen klug und engagiert vertritt,
● im Interesse der sozialen Integration zeitweise auf persönliche Zielsetzungen verzichtet,
● Konflikte mit soziokulturell akzeptierten Mitteln löst und damit sowohl Aggressivität als auch Angst überwindet,
● zunehmend in eigener Verantwortung wertgebunden handelt.

▶ Auf kürzere Formel reduziert: Das Kind bezeugt altersgerecht
● Selbstwertgefühl,
● Kommunikationsfähigkeit,
● Sozialverhalten,
● Intelligenz,
● Wertbindung.

Sind diese Bedingungen erfüllt, ist das Kind glücklich,
d. h., es kann sich seines Lebens unbeschwert freuen. Ist
eines dieser Merkmale im Verhalten des Kindes nicht altersgerecht ausgeprägt, obwohl keine Behinderung vorliegt, muß abweichendes Verhalten vermutet werden. Unerläßliche Bedingung der zuverlässigen Beurteilung ist die
umfassende und genaue Kenntnis der üblichen Entwicklung des Kindes.

Bei der Beurteilung der Verhaltensauffälligkeit stellt sich
jedesmal das Problem der Grenze. Nicht jede Zurückhaltung und Bescheidenheit ist gleichbedeutend mit fehlendem Selbstwertgefühl. Der Wunsch, eine Stunde allein zu
spielen, läßt nicht auf mangelnde Kommunikationsfähigkeit schließen. Die Notwendigkeit, eine Grenze zu beachten, gilt aber nicht nur für die Intensität, sondern auch für
die Häufigkeit einzelner Verhaltensweisen. Niemand
wird einem Kind angemessenes konfliktlösendes Verhalten absprechen wollen, weil es mal aggressiv reagierte,
seine Intelligenz infrage stellen, weil es einmal eine
dumme Antwort gab, oder an seiner Wertbindung zweifeln, weil es ab und zu mal lügt.

Wo beginnt auffälliges Verhalten im Sinne der behandlungsbedürftigen Verhaltensauffälligkeit?

▶ Solange ein Kind glücklich ist, das Glück anderer nicht
über Gebühr stört und seine eigene Zukunft nicht gefährdet, ist es sicherlich nicht behandlungsbedürftig.
Wird ein Kind unglücklich – was auch bei demonstrativem Frohsinn und Kaspern der Fall sein kann – so muß
man ihm helfen. Macht es seine Umgebung unglücklich, gefährdet es damit auch sein eigenes Glück.

Der (drohende) Verlust des eigenen Glücks kann beim
Kind mit dem Leidensdruck des Erwachsenen gleichgestellt und als eine Bedingung erfolgversprechender therapeutischer Bemühungen verstanden werden. Allerdings
kann das Glück des Kindes nicht ohne Rücksicht auf das
Verhalten seiner Umgebung beschrieben werden. Deshalb

werden die Grenzen der behandlungsbedürftigen Verhaltensauffälligkeit des Kindes auch durch den Grad der Duldsamkeit seiner Umgebung bestimmt.

Duldsamkeit wird häufig mit fehlender Konsequenz verwechselt. In Wirklichkeit bedeutet sie keineswegs den Verzicht auf die kontinuierliche Orientierungshilfe, sondern lediglich auf das Bestreben, richtiges Verhalten unmittelbar zu erzwingen.

Ein alltägliches Beispiel: In einem gewissen Alter haben die Kinder große Freude daran, gerade am Tisch Erwachsene und Kinder durch die bekannten „wüsten Worte" – oder was sie immer dafür halten – zu beeindrucken. Meistens gelingt es ihnen auch. Werden diese Worte manchmal geahndet und manchmal belächelt, so fehlt es an der nötigen Konsequenz. Versucht man um jeden Preis – d. h., mit immer drastischeren Ermahnungen und Strafen – das nächste „wüste Wort" zu verhindern, und läßt es so auf einen Machtkampf ankommen, so fehlt es an der Duldsamkeit.

Richtiger wäre es wohl, in einer zuverlässig kontinuierlichen Haltung in angemessener Ruhe dem Kind zu vermitteln, daß man durch solche Redensarten gestört ist und sie nicht an den Mittagstisch gehören. Gleichzeitig müßte akzeptiert werden, daß die Worte in der nächsten Zeit noch öfters fallen werden.

3 Wahrnehmungsstörungen und welche Rolle sie spielen

Spricht man von Behinderung, so meint man in der Regel Störungen der freien, willkürlichen Bewegung (Körperbehinderung), der intellektuellen Leistungsfähigkeit (geistige Behinderung) oder der unverzichtbaren sozialen Anpassung (Verhaltensstörung/seelische Behinderung).

Damit ist über die Entstehung nichts ausgesagt. Weiterhin wird der Eindruck erweckt, als ob man zwischen den genannten Behinderungsarten klare, eindeutige Grenzen ziehen könnte. Das ist sicherlich nicht der Fall, schon gar nicht, wenn man die weitere wichtige Gruppe der Sinnesbehinderten – an die man oft weniger denkt – mit einbezieht.

In neuerer Zeit fand man Defekte, die man nicht einfach den bekannten Kategorien der Behinderungen zuordnen konnte; vielmehr waren sie für verschiedene Formen der Behinderungen typisch. Es waren die Wahrnehmungsstörungen, häufig Ursachen von verschiedenen Auffälligkeiten, die verschiedenen Formen der Behinderungen anhaften konnten.

▶ Die bekanntesten Autoren nennen folgende mögliche Folgen von Wahrnehmungsstörungen: Auto-Aggressionen, motorische Unruhe, erhöhte Ablenkbarkeit, Angst vor Veränderungen, undeutliche Sprache, fehlerhafte Grammatik, Lese-Rechtschreibschwäche, Re-

chenschwäche, Konzentrationsmangel, verminderte
Kontaktfähigkeit und Stereotypien (sinnlose Wieder-
holung von Bewegungen, Handlungen oder Begriffen,
wie z. B. Nicken, über die eigenen Haare streicheln,
immer wieder dasselbe Wort – nicht wahr! nicht wahr!
– sagen).

Vergegenwärtigen wir uns, daß wir die gesamte dingliche
und soziale Umgebung über die Wahrnehmung erfassen
und dementsprechend auch unsere Reaktionen auf sie
durch die Wahrnehmung bestimmt sind, so wird es unmittelbar einleuchtend, daß Störungen der Wahrnehmung
auch zu Störungen der Reaktionen führen müssen. Das
richtige bzw. falsche Verhalten eines Menschen, auch die
Art seiner möglichen Behinderung, beurteilen wir anhand
seiner Reaktionen auf die Umgebung. Insoweit können
Störungen der Wahrnehmung zu denselben Symptomen
führen, die wir auch bei Störungen der Entwicklung und
bei verschiedenen Formen der Behinderung vermuten.
Wir können sogar einen Schritt weitergehen:

▶ Wahrnehmungsstörungen können Entwicklungsstörung und Behinderung verursachen. Vielfach kann es
gar nicht mit Sicherheit festgestellt werden, ob es sich
bei einer symptomatisch eindeutigen Störung ursprünglich um eine Behinderung oder um eine Wahrnehmungsstörung gehandelt hat.

3.1 Was Wahrnehmung ist, und wie sie sich entwickelt

Unter Wahrnehmung verstehen wir den gesamten Kom-
plex von Informationsaufnahme (Rezeption), Informationsverarbeitung (Perzeption) und Informationsabgabe
(Kommunikation). Die auf uns einströmenden Informationen nennen wir Reize. Wir bezeichnen sie nicht nach
den objektiven Informationsträgern (etwa: Mich treffen
elektromagnetische Wellen zwischen 0,8 bis 0,4 Tausend-

stel Millimeter, oder: Ich habe einen zu niedrigen Blut-
zuckerspiegel), sondern nach unseren Empfindungen
(also: Ich sehe, oder: Ich habe Hunger). Wir unterscheiden zwischen äußeren (sehen, hören, tasten, schmecken,
riechen) und inneren Reizen (Gleichgewichtssinn, Tiefensensibilität, Hunger, Durst, Müdigkeit, Angst, Wut).

Auf die Informationsaufnahme reagieren wir mit Informationsabgabe, die in der Regel motorisch geprägt ist:
Wir fixieren die Person oder die Situation, über die wir
soeben Informationen erhalten haben, wir gehen auf sie
zu, begreifen sie, stoßen sie vielleicht auch ab oder fliehen
davor, wir sprechen mit ihr oder über sie.

Allerdings läßt sich die Kommunikation (Informationsabgabe) nicht unmittelbar aus den empfangenen Reizen
(Informationsaufnahme) ableiten. Je nach Situation kann
dasselbe Lachen Freude oder Ärger bereiten und dementsprechend verschiedene Reaktionen hervorrufen. Der An-
blick eines Uniformierten hat eine andere Bedeutung, ob
ich dabei bin, nachts durch eine Parkanlage zu gehen oder
tags bei Rot die Straße zu überqueren. Zwischen Informationsaufnahme und Kommunikation (Informationsabgabe) erfolgt die Informationsverarbeitung. Sie schließt
Bewußtwerden, Auslese (Selektion), Auswertung (einschließlich Abwägen möglicher Folgen) sowohl der erhal-
tenen Information als auch der geplanten Kommunikation mit ein sowie die Überführung in die Motorik. Folgt
auf eine Information keine Handlung, kann sie trotzdem
gespeichert, bei späteren Planungen verwendet und die
nicht ausgeführte Handlung in Gedanken durchgespielt
werden.

Eine in diesem vollen Sinne funktionstüchtige Wahrnehmung ist nur denkbar, wenn

● ein normal funktionierender Sinnesapparat vorhanden
  ist,
● die empfangenen Reize von den Sinnesorganen an das
  Zentralnervensystem weitergeleitet werden (und so die
  Empfindungen entstehen),

- das Individuum fähig ist,
  - den im Zentralnervensystem angelangten Informationen (den Empfindungen) adäquate Bedeutung zuzuordnen,
  - eine Rangordnung der Empfindungen nach Wichtigkeit zu erstellen,
  - die Empfindungen mit früheren Empfindungen aus demselben Sinnesbereich sowie mit Informationen aus anderen Sinnesbereichen zu vergleichen und zu bewerten,
  - die Empfindungen im Interesse der Kommunikation in gesteuerte Grob- und Feinmotorik (Körper-, Sprech- und Handmotorik) umzusetzen.

Ein Beispiel soll zeigen, welche komplizierten Mechanismen einfachen Vorgängen zugrunde liegen:

Die Erzieherin ruft einem spielenden Kind zu: „Peter, komm her!" Dabei rechnet sie nicht nur damit, daß Peter den Ruf hört, sondern auch, daß er ihn hören will. Natürlich meint sie eine höhere Art des Hörens: Richtungshören, denn sie wäre erstaunt, wenn Peter erst mal verwundert herumschauen würde, woher denn der Ruf kam. Ob Peter den Ruf hören will, ist bereits eine Bewertungsfrage. Er muß der empfundenen Aufforderung eine Bedeutung zugeordnet und sie in eine Bewertungsskala eingeordnet haben. Dazu braucht er wiederum übergeordnete Bewertungskriterien. Es könnte sein, daß er die Erzieherin liebt und deshalb gerne das Spiel unterbricht, um zu ihr zu kommen. Vielleicht hat er auch Angst vor Liebesverlust, wenn er dem Ruf nicht folgt, oder Angst davor, die Erzieherin könnte seiner Mutter erzählen, er sei ungehorsam gewesen, die Mutter erzählt es dem Vater, mit dem er übermorgen zum Fußballspiel gehen wollte ... Welche unwahrscheinliche Fülle von Kombinationen, von Erfahrungen, Vermutungen, Befürchtungen, seien sie bewußter oder unbewußter Natur. „Hört" er den Ruf nicht, so können ebenfalls völlig verschiedene Gründe ihn dazu veranlaßt haben, von der höheren Bewertung des Spieles über die Provokation der Erzieherin bis zu ihrer Bestrafung, weil sie sich vorher einem anderen Kind zugewandt hat.

Nehmen wir an: Er hat den Ruf gehört und will kommen. Jetzt muß er in die Richtung des Gehörten schauen, um den Weg zu klären: es könnten Hindernisse zwischen der Erzieherin und ihm sein, z. B. ein Tisch, ein spielendes Kind, die umgangen werden müssen. Nun rennt er los. Je nach Erwartung bleibt er vor der Erzieherin stehen oder fällt ihr gleich mit ausgebreiteten Armen um den Hals.

In Wirklichkeit wurde der Vorgang äußerst vereinfacht dargestellt. Soll Peter den Kopf zur Erzieherin drehen und aufspringen können, ohne umzufallen, muß er über seine eigene Körperlage informiert sein (d. h.: sein Gehirn muß informiert sein, auch wenn er selbst nichts davon weiß), das ist wiederum nur möglich, wenn seine Tiefensensibilität (Stellungs- und Spannungssinn) und seine Gleichgewichtssinne (Lage- und Drehbewegungssinn) einwandfrei funktionieren, jeweils nur die richtigen Bewegungen zulassen, die falschen blockieren und die Bewegungsabläufe kontinuierlich korrigieren. Und auch das ist nur ein relativ kleiner Ausschnitt der Wirklichkeit.

Wir können 13 Sinne unterscheiden, denen je ein eigenes Sinnesorgan mit spezifischer Funktion zugeordnet ist (spezifische Funktion bedeutet, daß ein Sinnesorgan unabhängig vom Reiz immer mit derselben Reaktion antwortet, d. h., ob das Auge von elektromagnetischen Wellen zwischen 0,008 bis 0,004 mm getroffen wird oder einen Schlag erhält, es übermittelt dem Zentralnervensystem die Grundlagen von optischen Empfindungen, in einem Fall ein Bild, im anderen möglicherweise „Sterne"). Sie werden bezeichnet: Tastsinn, Geruchssinn, Geschmackssinn, Gehörssinn, Gesichtssinn, Lage- und Bewegungssinn, Drehbewegungssinn, Spannungssinn, Berührungs- und Drucksinn, Temperatursinn, Schmerzsinn, Stellungssinn und Organempfindungen.

Die Entwicklung des Wahrnehmungsprozesses verläuft in Stufen:

1. Modalitätsstufe

Unter Modalität versteht man eine Empfindung, die aufgrund der Reaktion eines einzigen Sinnesorgans entsteht. In dieser Stufe können die Kinder in den ersten Lebensmonaten nur die Eindrücke eines Sinnesorgans gleichzeitig verarbeiten. Dabei müssen sie im Laufe der Zeit folgende Qualitäten entwickeln: **Aufmerken, Fixieren** und **Verweilen.**

Das heißt in der

optischen Wahrnehmung: ein Bild erblicken – es fixieren – es in der Bewegung verfolgen,

akustischen Wahrnehmung: bei einem Geräusch innehalten – ihm zuhören – ihm lauschen,

taktilen Wahrnehmung: beim ersten Tasteindruck innehalten – nach dem Ertasteten greifen – es begreifen, ertasten.

2. *Intermodalitätsstufe*

Auf der Intermodalitätsstufe werden die Informationen verschiedener Sinnesmodalitäten miteinander verbunden. Es findet nunmehr ein Informationsaustausch unter mehreren Modalitäten statt. Hat das Kind auf der Modalitätsstufe gelernt, einen erblickten Gegenstand zu fixieren, ihn mit den Augen zu verfolgen sowie einem wahrgenommenen, ihm angenehmen Geräusch zu lauschen, so entwickelt es nunmehr die Fähigkeit, sich einer Geräuschquelle auch optisch zuzuwenden. Es hat gelernt: Wo es etwas zu hören gibt, gibt es meistens auch etwas zu sehen. Hält man ihm einen Gegenstand in seinem Blickfeld hin, greift es danach: Es hat gelernt, das Gesehene durch Begreifen besser zu erfahren.

Obwohl die Intermodalitätsstufe den Zweck hat, jeden Sinneseindruck mit jedem anderen Sinneseindruck zu verbinden, gehen die Verknüpfungen in erster Linie von den Bewegungssinnen (Stellungs- und Gleichgewichtssinne), dem Tastsinn und dem Gesichtssinn aus, die deshalb häufig auch Grundsinne genannt werden.

3. Serialstufe

Auf der Intermodalitätsstufe kann ein Kind aus einem Angebot von Bauklötzen auf einem Tisch die richtigen für
sein Bauvorhaben optisch aussuchen und zielsicher greifen. Fällt aber ein Bauklotz vom Tisch und verschwindet
so aus seinem Blickfeld, so ist er praktisch verloren. Das
Kind kann ihn nicht einmal mehr sinnvoll suchen. „Aus
den Augen, aus dem Sinn."

Erst auf der Serialstufe kann das Kind Wahrnehmun-
gen von verschiedenen Sinnesorganen in eine sinnvolle
Reihenfolge (Serie) zeitlich und danach auch logisch einordnen. Damit wird es fähig, verlorene und versteckte
Gegenstände zu suchen sowie über die sichtbare Situation
hinaus zu planen. Es werden ihm Begriffe wie „später",
„früher", „morgen", „vormittags", „in einer Woche",
„oben", „unten", „seitlich", „links", „rechts" geläufig und
verwertbar.

Die Beherrschung der Serialstufe – erst mit ca. 9 Jahren
abgeschlossen – ist Bedingung des instrumentalisierten
(auf die persönlichen Bedürfnisse individuell abgestimm-
ten) Spracherwerbs. Nachahmungsleistungen und Rollenspiele setzen ebenfalls einen gewissen Fortschritt in der
Serialstufe voraus.

4. Intentionale Stufe

Hat das Kind bereits in der Serialstufe eine gewisse Vor-
stellungskraft entwickelt, so wird es auf der Intentionalen
Stufe befähigt, das Wahrgenommene verläßlich in Vorstellungen umzuwandeln. Dadurch kann es erstmals Erfahrungen sammeln, die nicht unmittelbar aus dem Wahrnehmungsbereich stammen, sondern auf Verbindungen
von früheren Wahrnehmungsinhalten in der Vorstellung
zurückgeführt werden müssen. So kann das Kind jetzt
neue, in dieser Form noch nie gehörte, Wortverbindun-
gen durch Schlußfolgerung verstehen und das allgemeine
Sprachverständnis entwickeln.

Das Sehen erhält eine besondere Bedeutung für die
Vorstellungswelt; es kann optische Merkmale zunehmend

wertend einordnen und daraus Schlußfolgerungen ziehen: So erkennt es in einer fremden Küche den Kühl-
schrank trotz abweichender Form und Farbe am Griff.
Gleichzeitig beginnt es zwischen sich selbst und der Umwelt immer klarer zu unterscheiden.

In dieser Zeit werden sowohl der eigene Körper als
auch andere Personen und Gegenstände taktil erforscht:
Das Kind versucht, seine Finger in den Mund, in das Ohr,
in die Augen, aber auch in jede Spalte und jede Steckdose
zu schieben. Das erste Mal werden auch „Instrumente"
benutzt: Es drückt auf die Knöpfe am Radio, dreht an
Schlüsseln und steckt kleine Gegenstände in Flaschen.
Dadurch werden sowohl verschiedene Koordinationsfor-
men (Augen – Hand, beide Hände) als auch Beziehungen
zwischen den Gegenständen eingeübt bzw. erlebt.

5. Symbol-Stufe

Die in den Wahrnehmungsinhalten repräsentierte Wirklichkeit wird nicht nur in Vorstellungsinhalte umgewan-
delt, sondern auch symbolhaft verarbeitet: Der Bär aus
dem Zoo kann in der Vorstellung in die Wohnung kommen und sowohl das Kind ängstigen als auch in einer
neuen Als-ob-Haltung das Kind als Bär erscheinen,
Macht erleben und Angst verbreiten lassen.

Machte bislang das Schieben des Spielautos an sich
Freude, gewinnt nun immer mehr der „Transport" Bedeutung: Bauklötze, Sand oder Teddybär werden gefahren.
Auf der Symbol-Stufe wird die Erfassung der Wirklichkeit von der Wahrnehmung zunehmend unabhängig.
Neue Situationen können immer mehr dadurch gemei-
stert werden, daß sie in der Vorstellung vorweggenom-
men und anhand früherer Erfahrungen „durchgespielt"
worden sind.

▶ Die einzelnen Wahrnehmungsstufen überlappen sich
   in der Entwicklung. So liegt der Abschluß der Serialstufe in der Schulzeit, obwohl die Symbol-Stufe bereits
   mit ca. 18 Monaten beginnt und ihrerseits bis zum Hö-

hepunkt der intellektuellen Entwicklung fortdauert.
Entscheidend ist, daß sie rechtzeitig anlaufen bzw.
baldmöglichst in der richtigen Reihenfolge nachgeholt
werden. Für das Einsetzen der einzelnen Stufen gelten
mit den üblichen individuellen Abweichungen in etwa
folgende Richtwerte:

Modalitätsstufe	0 Monate
Intermodalitätsstufe	3 Monate
Serialstufe	8 Monate
Intentionale Stufe	11 Monate
Symbol-Stufe	18 Monate

Ist eine der Stufen schwer gestört oder gar in der Entwicklung ausgefallen, so können die folgenden Stufen
nur bruchstückhaft sich entwickeln. Die Entwicklung
hat unverzichtbare Bedingungen, die grob umschrie-
ben werden können als eine emotional dem Kind zuge-
wandte soziale und eine kindgemäß gestaltete reich-
haltige dingliche Umgebung. Hat das Kind keinen erwachsenen Partner, den es befühlen, keine Gegenstände, die es begreifen, aus- und einräumen kann,
darf es seine Hände nicht dazu benutzen, Knöpfe zu
drücken, Schlüssel zu drehen und Türen zu öffnen
oder wird es nur ausgelacht, wenn es als Tarzan oder
als der große Bär erscheint, so fehlen solche unverzichtbaren Bedingungen.

6. Körperschema

Eine besondere Bedeutung sowohl für die soziale als auch
für die motorische und kognitive Entwicklung kommt
dem sog. **Körperschema** zu.

▶ Unter Körperschema verstehen wir in der Wahrneh-
mungspsychologie die zunehmende Fähigkeit des Kindes, seinen eigenen Körper zu erfassen, davon eine
Vorstellung zu haben und über dessen Lage (sowohl
über die Körperhaltungen – Stehen, Sitzen, Liegen,
Knien – als auch über die jeweilige Lage der Extremi-
täten) jederzeit differenziert informiert zu sein.

Das Körperschema entwickelt sich in den ersten 18 Lebensmonaten. Es hat sowohl die Funktion aller Wahrnehmungsorgane, insbesondere der Tiefensensibilität und der Hautsinne, als auch die Ausreifung der Motorik zur Voraussetzung.

Das Körperschema ist sowohl Grundlage eines gesunden Selbstwertgefühls als auch Bedingung der sicheren Zuwendung zur Umwelt, deren Erfassung sich weitgehend am eigenen Körperschema orientiert. Insoweit führt ein geschädigtes Körperschema in der Regel zu Störungen sowohl in der sozialen als auch in der kognitiven Entwicklung. Ist bei einem Kind das Körperschema nicht entwickelt, so muß ihm dazu verholfen werden.

Hat ein Kind nur unzuverlässige, nicht genau lokalisierte Informationen über Stellung und Raumlage seiner Körperteile, kann es auf die Reize motorisch nicht richtig reagieren. Ist ein Kind körperbehindert, z. B. spastisch (starr) gelähmt, so kann es auf dem üblichen Wege gar keine zuverlässigen Informationen erhalten, das Körperschema ist gestört, es sei denn, ihm wurde rechtzeitig unter Einbezug anderer Sinnesorgane, z. B. der Hautsinne, auf einem anderen Wege das Körperschema vermittelt. Wahrnehmungsstörungen können sowohl Folgen als auch Ursachen demonstrativer (= sich auffällig zeigender) Behinderungen sein. Kann ein dreijähriges Kind ein ihm angebotenes Glas nicht zielgerichtet ergreifen, so kann es sich dabei um folgende Störungen handeln:

- es sieht das Glas nicht (richtig);
- es kann das Gesehene nicht sicher greifen, weil die intermodale Koordination nicht funktioniert (das Gesehene ist keine zuverlässige Steuerung für die Motorik);
- die Motorik funktioniert nicht (es sieht das Glas, möchte es ergreifen, aber die willkürlichen motorischen Impulse aus dem Zentralnervensystem können die richtigen Bewegungsabläufe nicht veranlassen);
- es hat den Aufforderungscharakter des Glases (noch) nicht begriffen. Es hat Angst, danach zu greifen.

Je nach dem handelt es sich also um Wahrnehmungsstörung, Körperbehinderung oder geistige Behinderung.
Die zuverlässige Differentialdiagnose kann nur durch
eine erfahrene Fachkraft erstellt werden, die die Grundsätze aller drei Störungsmöglichkeiten beherrscht. Davon
gibt es heute noch sehr wenige, da insbesondere die
Grundlagen der Wahrnehmungsdiagnose nur in den sel-
tensten Fällen im Studium vermittelt werden.

3.2 Wahrnehmungsstörung und Wahrnehmungstraining

Die meisten Kinder – auch die behinderten – erreichen die
Funktion des Aufmerkens auf der modalen Stufe. Greift
ein Kind nach einem Gegenstand, läßt es jedoch unmittelbar darauf achtlos fallen, so fehlen die Funktionen des Fi-
xierens und des Verweilens. Dadurch können die folgenden Stufen der Wahrnehmung – Intermodalitätsstufe und
Serialstufe – gar nicht entstehen. Manchmal wird das allerdings erst später festgestellt, weil die Kinder oft in der
automatischen Befolgung immer wieder erhobener Auf-
forderungen Teilaspekte der Intermodalitäts- und der Serialstufe demonstrieren: Sie greifen flach – d. h. allein in
der horizontalen Ebene, und nicht horizontal-vertikal
(waagrecht-senkrecht) koordiniert – nach dem Gesehenen und schauen auch mal, wenn auch lustlos, nach dem
vom Tisch gefallenen und so „verschwundenen" Bauklotz.

▶ Erreicht ein Kind im Kindergartenalter – bis zum
  3. Lebensjahr – die volle Beherrschung der modalen
  Wahrnehmung (Aufmerken, Fixieren, Verweilen)
  nicht und kann deshalb in die Intermodalitätsstufe gar
  nicht eintreten, muß geistige Behinderung – sei es als
  Ursache oder als Folge der Wahrnehmungsstörung –
  vermutet, von kompetenten Fachkräften diagnostiziert
  und behandelt werden. Ist die Wahrnehmungsstörung

Ursache der Behinderung, so hat die Behandlung gute Erfolgsaussichten, soweit sie rechtzeitig und fachgerecht eingeleitet wird.

Führt die Behandlung zu keinem Erfolg und bleibt das Kind funktionsmäßig unter dem Niveau eines durchschnittlich entwickelten zweijährigen Kindes, so ist die Bezeichnung „schwerstbehindert" angemessen.

Kinder mit Störungen auf der intermodalen Stufe können durchaus modale Leistungen erbringen: Sie hören richtig, d. h., erkennen auch die Richtung des Gehörten; greifen gezielt nach Gegenständen, trotzdem fehlen die Verbindungen zwischen den einzelnen Sinnesmodalitäten. Sie greifen nicht mit Sicherheit nach dem Gehörten, sie drehen sich ihm nicht einmal eindeutig zu. Die mangelhafte Augen-Hand-Koordination ist das sicherste Zeichen einer intermodalen Störung. Sie kann geprüft werden, wenn man das Kind auffordert, nach einem Gegenstand zu greifen, den es zwar gesehen hat, der aber im Moment sich außerhalb des Gesichtsfeldes befindet. Allerdings wird hier bereits eine gewisse seriale Leistung verlangt.

Serial gestörte Kinder sind verunsichert, weil immer mehr Sinneseindrücke auf sie einströmen, von ihnen auch bewußt wahrgenommen werden, aber mangels ausreichender chronischer (zeitlicher) und logischer Strukturen nicht in ein überschaubares System eingeordnet werden können.

Mit dem üblichen Angebot eines gut ausgestatteten Spielzimmers sind sie überfordert: Will ein solches Kind einen Bauernhof aufbauen, sind aber die dafür erforderlichen Bestandteile – Bauklötze und Tiere – in zwei verschiedenen Ecken oder gar Schubläden und können deshalb nicht mit einem Blick wahrgenommen werden, so ist es wahrscheinlich mit der Aufgabe restlos überfordert. Die einzelnen Aufgabenteile bleiben ihm jedoch, wenn auch ohne den notwendigen Zusammenhang, gegenwärtig und beunruhigen es, weil es spürt, daß es nicht zum gewünschten Ziel kommt.

Serial gestörte Kinder sind deshalb häufig nervös. Sie fangen immer wieder etwas an, ohne zu einem Abschluß zu kommen, geraten leicht in Panik und suchen oft den Ausweg aus ihrer unbefriedigenden Situation in Clownerien oder in der sinnlosen Störung des Spielverhaltens anderer Kinder. Ein recht zuverlässiges Zeichen serialer Störung ist die verzögerte Nachahmung, wie man sie auch bei Kindern mit autistischen Zügen beobachten kann: Sie werden aufgefordert, eine Bewegung nachzuahmen, ein Wort (richtig) nachzusprechen, eine Situation nachzuspielen, reagieren gar nicht oder völlig unangemessen und bringen die Bewegung, das richtige Wort, die Situation ein oder zwei Tage später spontan, ohne jeden ersichtlichen sinnvollen Zusammenhang.

▶ Über die Störungen der einzelnen Sinnesmodalitäten und deren Verknüpfungen gibt es inzwischen eine umfangreiche Literatur. Dasselbe gilt für die Methoden der Überprüfung sowohl der Sinnesleistungen als auch der richtigen bzw. falschen Verknüpfungen. Die Symptome der Wahrnehmungsstörung, insbesondere auf der serialen Stufe, können leicht mit den Symptomen anderer Störungen verwechselt werden: Mit Störungen in Verhalten, in der motorischen Entwicklung, in der geistigen Entwicklung oder in der sozialen und emotionalen Entwicklung. Außerdem gibt es eine Fülle von Kombinationsmöglichkeiten: Durch die Verhaltensstörung (oder durch die Störung der motorischen Entwicklung) kann ein Kind bei der Entwicklung der serialen Wahrnehmung behindert worden sein, aber auch umgekehrt: Die Wahrnehmungsstörung kann zu einer Verhaltensstörung oder zu einer Störung der geistigen Entwicklung geführt haben. Möglicherweise haben sich solche Störungen auch parallel entwickelt und haben für das feststellbare Symptom in etwa gleichen Wert.
Da die erfolgversprechenden Behandlungsansätze nur auf einer zuverlässigen diagnostischen Aussage aufge-

baut werden können und je nach Schwerpunkt der Störung anders formuliert werden müssen, kann eine
Fehldiagnose verheerende Wirkungen haben.

In der Tat wurden wahrnehmungsgestörte Kinder mehr
als einmal lange Jahre mit den herkömmlichen Methoden
zur Förderung geistig Behinderter behandelt, ohne zu
merken, daß sie mit den Behandlungsansätzen im Wahrnehmungsbereich längst überfordert waren. Auch verhaltensgestörte Kinder wurden teilweise durch langwierige
und aufwendige Sozialisationsprogramme gejagt, dabei
konnten sie die erlernten Situationen mit denen, die sie im
wirklichen Leben zu bewältigen hatten, aufgrund ihrer serialen Störung in keiner Weise verbinden. Heute muß
man auch mit der entgegengesetzten Gefahr rechnen, wie
das häufig der Fall ist, wenn ein neuer Aspekt im heilpäd-
agogisch-therapeutischen Bereich auftaucht: Es können
schwerwiegende Symptome der Verhaltensstörung über-
sehen bzw. einseitig dem Wahrnehmungsbereich zugeschrieben werden. Auch das muß letztendlich zu einer
Fehldiagnose führen.

▶ Die Diagnose kann nur von einem Team einschlägig
vorgebildeter Fachkräfte erstellt werden. Das Team
wird auf die aktive Mitarbeit der Erzieherin sowohl bei
der Anamnese (Krankheitsgeschichte) als auch bei der
Erstellung der Diagnose und der Therapieplanung
nicht verzichten können.
Aufgrund der gesicherten Diagnose muß ein Trai-
ningsplan erarbeitet werden, der im Laufe der Behandlung durch die Erfahrungen korrigiert wird. Bei der
Durchführung des Trainings kommt es wesentlich auf
die Mitarbeit der Erzieherin an. So wichtig auch einzelne Behandlungseinheiten, die von einer besonders
ausgebildeten Fachkraft stundenweise durchgeführt
werden, sein mögen, ein zeitgerechtes und nachhalti-
ges Ergebnis ist nur zu erwarten, wenn das Wahrnehmungstraining in den pädagogischen Alltag mit einbezogen wird.

4   Wie sich Sozialverhalten und Verhaltensstörung im Kinderalltag äußern

Menschliches Verhalten ist mehrfach sozial determiniert. Im unmittelbaren Vollzug, weil das Verhalten unter Berücksichtigung vorausgegangener und zu erwartender Handlungen anderer gestaltet wird; aber auch in der Entstehung, da selbst individualtypisch empfundene Verhaltensweisen in der Regel unter aktiver Mitwirkung von Bezugspersonen aufgebaut worden sind.

Für das kindliche Verhalten ist bezeichnend, daß es häufig sowohl aktuelle Problemlösung als auch den Versuch darstellt, die Reaktion der Umwelt auf eben diese besondere Art der Problemlösung zu prüfen. So kann kindliches Verhalten gleichzeitig Vollzug gegenwärtigen und Planung zukünftigen Verhaltens darstellen. Deshalb ist das Verhalten des Kindes nur vor dem Hintergrund und im Zusammenhang mit seinen sozialen Bestimmungsbezügen verständlich. So kann auch kindliches Fehlverhalten zwar aktuell am Kind demonstriert, aber nur in einem weiteren sozialen Sinnzusammenhang begriffen werden.

Einen wesentlichen Teil dieses sozialen Sinnzusammenhanges bezeichnen wir als Erziehung. Das heißt: Der Erwachsene hilft dem Kind, motorische, soziale und kognitive Fertigkeiten zu entwickeln. Dadurch soll es zu optimaler Selbstbestimmung gelangen. Allerdings wird vom Kind erwartet, daß es seine ursprünglich auf unmittelbare

Bedürfnisbefriedigung gerichteten motorischen und kognitiven Fertigkeiten zunehmend durch soziales Verhalten steuert. Dafür werden ihm anläßlich konfliktgeladener Situationen erlaubte und unerlaubte Formen der Konfliktlösung sowie die Grenzen des ihm verbleibenden Freiraumes vermittelt. Diesen Freiraum kann es erheblich erweitern, wenn es lernt, die normierende Gruppe aktiv mitzugestalten, d. h., seine persönlichen Vorstellungen über eine erfolgreiche Problemlösung weitgehend in das Normensystem der Gruppe einzubauen. Hat ein Kind das Optimum seiner Fertigkeiten erreicht und sowohl ein System kulturgerechter Konfliktlösungen verinnerlicht als auch Fähigkeiten entwickelt, eigene Konfliktlösungen in die Gruppe einzubringen, so hat die Erziehung ihr Ziel erreicht.

▶ Im Idealfall hat das Kind damit innere Sicherheit und Angstfreiheit erlangt. Es kann seine Fertigkeiten unter Ausnutzung seines Freiraumes einsetzen, ohne seine soziale Integration zu gefährden; es kann sich sozial anpassen, aber auch seine Umgebung mitgestalten, andere verstehen und trotzdem das selbstverständliche Recht auf eine eigene Meinung bewahren. Es kann Freund sein, ohne sich selbst, und allein sein, ohne den sozialen Bezug zu verlieren.

Wichtigste Bedingungen dieses Idealfalles: Die dem Kind angebotenen kulturgerechten Konfliktlösungsmodelle müssen sowohl mit dem Verhalten der Bezugsperson als auch mit den Normvorstellungen einer das Kind und die Bezugsperson umfassenden Gruppe in der Regel übereinstimmen. Für den Verzicht auf die unmittelbare Bedürfnisbefriedigung muß das Kind durch zuverlässige emotionale Zuwendung entschädigt werden; dabei muß es erfahren, daß in der Primärgruppe Schutz und Geborgenheit höher bewertet werden als die Notwendigkeit von – möglicherweise im Kern durchaus berechtigten – Strafen für die Übertretung seines Freiraumes.

BECK hat die „sozialpsychologischen Grundverhältnisse" eines in diesem Sinne förderlichen Erziehungsfeldes zusammengefaßt:

- Geborgenheit; d. h. die Gewißheit, daß man akzeptiert wird, wie man ist, und daß man bleiben darf, wie man ist, ohne die Zugehörigkeit zur Primärgruppe zu verlieren.
- Gegensatz; das ist die Fähigkeit der Gruppe, Spannungsfelder, die sich aus abweichenden Ansichten und Verhaltensweisen der Gruppenmitglieder ergeben, zu ertragen. Je tiefer die Verbundenheit unter den Gruppenmitgliedern, um so größer die Duldsamkeit dem Gegensatz gegenüber.
- Anpassung ist die Bereitschaft, im Interesse der Integration gewisse Spielregeln der Gruppe gleichsam mit einem Vertrauensvorschuß zu akzeptieren und sie erst nachher zu überprüfen.

Diese Grundverhältnisse müssen von beiden Seiten, in unserem Falle also von den Eltern und den Kindern – von letzteren entsprechend ihrem aktuellen Entwicklungsstand – beachtet werden.

Zwei negative Grundverhältnisse belasten das Erziehungsfeld:

- Das Zweck-Mittel-Verhältnis macht das Gruppenmitglied zu einem Objekt der Gruppe oder eines anderen Gruppenmitgliedes.
- Die Gleichgültigkeit hebt auf die Dauer die Bindungen unter den Gruppenmitgliedern auf. Die Gruppe zerfällt oder bleibt nur noch auf der Ebene des Zweck-Mittel-Verhältnisses bestehen.

Soll die Erziehungssituation eines Kindes im Sozialfeld untersucht werden, so bedarf es einer Diagnose der Grundverhältnisse, die u. a. auf folgende Fragen möglichst gesicherte Antworten geben soll:

- Fühlt sich das Kind in der Familie geborgen? Fühlen sich die Eltern in der Familie geborgen? Wird auch mal

mit der Aufgabe der Gemeinschaft, sei es zwischen den
Eltern oder dem Kind gegenüber, gedroht?

• Wird die Zugehörigkeit zur Familie von Bedingungen
abhängig gemacht? Wird die Geborgenheit durch –
formulierte oder unterstellte – Erwartungen einge-
schränkt? Müssen sich Familienmitglieder (Eltern / Kinder) ändern, bevor sie wieder voll akzeptiert werden?

• Wie weit wird individuelles – noch normgerechtes aber
vom in der Familie Üblichen abweichendes – Verhalten
akzeptiert? Wird die Atmosphäre in der Familie durch
Diskussionen langfristig getrübt? Werden Diskussionen häufig abgebrochen?

• Sind die Familienmitglieder bereit, sich im Interesse
der Gruppe sowohl anzupassen als auch den Sinn der
Anpassung zu begründen? Wird anerkannt, daß auch
mal nicht angepaßtes Verhalten sinnvoll sein kann?

• Wird ein Familienmitglied wegen besonderer Eigenschaften (Sozialverhalten, Intelligenz, Leistungsbereitschaft, Erfolg) hervorgehoben und anderen Mitglie-
dern als Vorbild hingestellt? Hat ein Familienmitglied
anderen gegenüber besondere Verpflichtungen?

• Gibt es Familienmitglieder, die am Schicksal der Familie oder einzelner Familienmitglieder kein Interesse
mehr zeigen? Haben Familienmitglieder die Kommunikation teilweise oder ganz aufgegeben?

Spätestens seit den Arbeiten von Spitz weiß man, daß
Mangel an Zuwendung und Liebe beim Säugling seelische, körperliche und soziale Schäden verursachen, in
schweren Fällen sogar die gesamte Existenz des Kindes
gefährden können. Die Hemmung der motorischen Aktivität kann sowohl dazu führen, daß das Kind später seine
berechtigten Ansprüche nicht durchzusetzen oder auch
nicht anzumelden vermag, als auch dazu, daß es zu einem
massiven Aggressionsstau kommt, der sich dann bei
irgendeiner Gelegenheit entlädt. Die Art und Weise der
Ernährung und der Nahrungsaufnahme in der frühen
Kindheit sowie die Reinlichkeitserziehung und die erste

Beachtung kindlicher Sexualität sind weitere mögliche Quellen kindlicher Fehlentwicklung und späteren gestörten Sozialverhaltens.

▶ Natürlich wäre es kurzschlüssig, mit der Feststellung sozial bedingten Fehlverhaltens gleich den Vorwurf zu verbinden, die Eltern hätten versagt. Ein Kind kann besondere Schwierigkeiten bereiten, die eine „normale" Familie überfordern; sei es durch vorgegebene oder durch außerfamiliären Einfluß erworbene, in seiner Person begründete Probleme. Aber auch unvermeidliche soziale Probleme in oder in der Umgebung der Familie können sowohl einzelne Familienmitglieder als auch den Familienverband so belasten, daß der erzieherische Alltag nicht mehr angemessen bewältigt werden kann. Die Suche nach sozial bedingten Ursachen kindlichen Fehlverhaltens darf nicht eine Suche nach den „Schuldigen" sein, die dabei getroffenen Feststellungen dürfen nicht den Charakter von Urteilen erhalten.

Die in der frühen Kindheit notwendigen Grundlagen der Erziehung – sowie später die gesamte Erziehung auch – müssen dem Kind als erfahrbare Haltungen (Geborgenheit), Fertigkeiten (die Übung der Grobmotorik) und Kenntnisse (wie man grüßt oder wo man Hilfe findet) vermittelt werden.

Dazu braucht es eine gemeinsame Kommunikationsebene zwischen Eltern (Erziehern) und dem Kind.

Grundsätzlich ist es gar nicht möglich, nicht zu kommunizieren, weil auch die Verweigerung der Kommunikation Informationswert besitzt.

 In einem Freiburger Kindergarten spielte sich folgende Szene ab: Ein 3; 6jähriger Junge ging zu einem 4jährigen und fragte: „Willst du mein Freund sein?" Der Vierjährige antwortete nicht. Der andere wiederholte die Frage, bekam wieder keine Antwort, zog sich dann zurück und sagte im Weggehen: „Er will nicht ..." Kurze Zeit später ging er wieder zu ihm und fragte erneut. Der Größere, der sich offen-

sichtlich belästigt fühlte, gab ihm wortlos eine Ohrfeige. Der Kleine zog wieder ab und sagte leise: „Er will nicht ..." Der dritte Anlauf hatte Erfolg, der Große meinte: „Wir essen jetzt zusammen unsere Brote und solange bin ich dein Freund!" Der Kleine strahlte: „Er will doch!"

Ein Erwachsener hätte möglicherweise die fehlende Antwort reklamiert: „Ja oder Nein?!" Der Dreieinhalbjährige verstand intuitiv die Kommunikationsverweigerung. (Außerdem begriff der Kleine auch die Ohrfeige als Information, vielleicht unangenehm, aber keineswegs ehrenrührig.)

Die Kommunikation kann unter dem Inhalts- und unter dem Beziehungsaspekt betrachtet und beurteilt werden.

Unter dem Inhaltsaspekt verstehen wir die Zuverlässigkeit der Information im Bezug auf die Mitteilung eines Sachverhaltes. Orientiert sich die Information am beiden Partnern erreichbaren Niveau der Erfahrung, des Wortschatzes und der Begriffssicherheit, lassen sich sachliche Mitteilungen nach beiden Seiten ohne Probleme formulieren. Die Übermittlung funktioniert.

Schwieriger wird es beim Beziehungsaspekt, denn dabei soll mit Hilfe von Tonfall, Gestik, Mimik und Körpersprache eine „Information über die Information" gegeben werden.

 In einer Sonderschule für gehörlose Kinder haben sich zwei Zehnjährige einen Ringkampf geliefert. Ein Lehrer kam vorbei, sah das gar nicht gern und sagte zu den Jungen, die ihn inzwischen beide angeschaut haben, mit strengem Gesicht und noch strengerem Ton: „Was macht ihr da?!" Jedes hörende Kind hätte die Frage so verstanden, wie sie auch gemeint war: Der Lehrer wollte keine Information über das Geschehen haben, sondern sie auffordern, aufzuhören und gleichzeitig einen Verweis erteilen. Die beiden Gehörlosen strahlten, und der eine sagte schön artikulierend: „Ka-rate!" Er hat also nur den Inhaltsaspekt erfaßt und den Beziehungsaspekt, der hier den eigentlichen Informationswert darstellen mußte, nicht mitbekommen.

Ähnliche Mißverständnisse haben wir aber auch bei vollsinnigen verhaltensgestörten Kindern gefunden. Offensichtlich kann der Beziehungsaspekt der Kommunikation nur dann richtig verstanden werden, wenn der Kommunikationsprozeß in der Primärgruppe bestimmte Mindestvoraussetzungen erfüllt:

- Inhaltsaspekt und Beziehungsaspekt müssen in der Regel übereinstimmen, d. h., der Beziehungsaspekt soll den Kommunikationsinhalt unterstreichen und ihn nur in Ausnahmefällen verändern oder ins Gegenteil verkehren.
  Kinder verstehen keine Ironie und werden durch Spott leicht verletzt. „Du hast beim Theater wieder nicht mitspielen dürfen. Das ist ja großartig!" Der zweite Satz weckt beim Kind Hoffnung, bis die Rückbesinnung auf den ersten alles zerstört.

- Erlaubte und unerlaubte Kommunikationsformen müssen bei Eltern und Kind übereinstimmen, d. h., was die Eltern beim Kind sanktionieren, gebrauchen sie selber auch nicht, bzw. sie entschuldigen sich, wenn sie es gebraucht haben.

- Die Verwendung des Beziehungsaspekts in der Primärgruppe muß mit den Ansichten der weiteren Umgebung – nicht unbedingt mit deren faktischen Gewohnheiten – übereinstimmen.
  Kinder können in der weiteren Umgebung – bei Freunden, im Kindergarten, in der Grundschule – nur soziale Sicherheit erlangen, wenn die Kommunikationsformen der Primärgruppe in diese Bereiche übertragbar sind.

▶ Bei einem Forschungsprojekt im Kindergartenbereich fanden wir, daß Mängel im Inhaltsaspekt relativ leicht zu korrigieren waren, dagegen war es außerordentlich schwierig, den Beziehungsaspekt zu verändern.
Ein weiteres überraschendes Ergebnis: Der wichtigste Unterschied bei sozial bedingten Formen des Fehlverhaltens zwischen Kindern des Mittelstandes und denen von weniger privilegierten Gruppen war, daß letztere auch im Inhaltsaspekt geschädigt waren. Bezüglich des

Beziehungsaspekts gab es kaum feststellbare Unterschiede.

Erfolgversprechende Hilfen müssen naturgemäß im Kommunikationsbereich einsetzen. Dafür konnten zwei gleichwertige Grundsätze entwickelt werden:

1. Die Erwachsenen müssen dem Kind gegenüber alle Forderungen und alle Verbote begründen. Sowohl Forderungen als auch Verbote sind in der Erziehung unverzichtbar, teils um das Kind zu schützen, teils um ein ökonomisch vertretbares Handeln in der Erziehung zu erreichen. In beiden Fällen muß jedoch – von einer unmittelbaren Notlage, z. B. Gefährdung des Kindes im Straßenverkehr, abgesehen – einsichtig argumentiert werden. Die argumentative Sprache erzwingt geradezu die Übereinstimmung vom Inhalts- und Beziehungsaspekt.

2. Die Kinder müssen situationsgebundenes Handeln lernen. Das heißt: Richtiges Verhalten ist nicht nur von Grundsätzen, sondern auch von der jeweiligen Situation abhängig.

 Ein Beispiel: Zwei Kinder kamen zur Erzieherin, sie wollten gerne im Waschraum spritzen. Es leuchtet wohl jedem ein, daß das den Kindern große Freude macht. Die Erzieherin sagte: Das könnt ihr tun, müßt aber erst die Badehose anziehen, weil ihr nicht in nassen Kleidern heimgehen könnt. Nach einiger Zeit hat sie hinzugefügt: Zu Hause werdet ihr das wohl nicht tun können, weil eure Eltern abends keine Ruhe mehr dafür haben, außerdem ist zu Hause im Bad vieles, was nicht naß werden darf, und es kommt auch keine Putzfrau mehr, die alles wieder sauber macht wie bei uns.
Bereits mit viereinhalb- bis fünf Jahren waren die Kinder imstande, situationsgebundenes (zweigleisiges) Verhalten zu begreifen und zu praktizieren.

▶ Sozial bedingtes Fehlverhalten, das alle Formen des Fehlverhaltens vom Stottern über Einnässen bis zur Aggressivität symptomatisch beinhalten kann, läßt sich in der Mehrzahl der Fälle auf Kommunikationspro-

bleme zurückführen. Deshalb wird man dem Kommu-
nikationsgeflecht in der Familie besondere Aufmerksamkeit widmen müssen.

Immer wieder erfährt man, daß manche Familien nur noch
funktionieren, weil sie auf die übliche Kommunikation
weitgehend verzichtet haben. Es handelt sich in den meisten Fällen um eine Art „stillschweigenden Abkommens".
Häufig geschieht dies, indem man den einzelnen Familienmitgliedern fest umschriebene Rollen zuweist: Die
Mutter hat im Laufe des Tages alles zu erledigen, der Vater hat nach Abschluß seines Arbeitstages Anspruch auf
Ruhe – und auf das Fernsehen –, die Kinder haben beides
zu respektieren. Möchten sie sich mit den Eltern unterhalten oder gar mit ihnen spielen, so stören sie das Rollenge-
flecht; sie wollen aktiv kommunizieren. Ein auf dieser
Grundlage aufgebautes „Funktionieren" hat keine Zukunft.

Wer Angst hat, schlägt leichter zu – Das ängstliche und das aggressive Kind

Der fünfjährige *Horst* hat mit dem ein wenig jüngeren Michael ständig Probleme: Begegnet er ihm, muß die Erzieherin bereits auf der Hut sein. Springt nämlich Michael nicht schnell genug davon, so hat er schon einige kräftige Schläge bekommen. Dabei ist er, obwohl jünger, größer und kräftiger als Horst. Aber er wehrt sich nicht. Will die Erzieherin mit Horst darüber sprechen, so lacht dieser und rennt davon; er will nicht darüber reden. Manchmal beantwortet er kurz die Frage der Erzieherin, warum er Michael immer schlägt, im Weglaufen: „Weil ich stärker bin!"

Besonders unverständlich scheint die Situation dadurch, daß Horst und Michael noch vor einem Jahr die besten Freunde waren. Bei gemeinsamen Spielen hatte Horst in der Regel die Führung. Jetzt können sie überhaupt nicht mehr zusammen spielen. Manchmal hat die Erzieherin den Eindruck, daß Horst mehr als Michael, der inzwischen neue Freunde gefunden hat, darunter leidet.

Einmal gelingt es der Erzieherin doch, mit Horst ins Gespräch zu kommen. Als sie sagt, früher hätte er doch so schön mit Michael spielen können, kommen bei ihm die Tränen. Er sagt: „Ja, und dann hat er angefangen, mit dem Markus zu spielen ... und wenn ich ihn nicht schlage, dann schlägt er mich ... vielleicht ... auch ...!"

Der noch nicht einmal fünfjährige *Uwe* ist der Schrecken der Gruppe. Kommt er morgens in den Gruppenraum, bleibt er in der Türe stehen, seine Äuglein blitzen. Bettina sucht gleich die

Nähe der Erzieherin, da sie aus Erfahrung weiß, sie wäre sonst das erste Opfer. Auch die Älteren werden unsicher, weil Uwe unberechenbar ist. Häufig will er nur spielen, aber dann wird auf einmal aus der freundlichen Rauferei Ernst: er kratzt und beißt und will immer der „Sieger" bleiben.

Eines Tages können wir folgende Szene beobachten (sie wurde glücklicherweise auf dem Videoband festgehalten): Die Erzieherin wird gebeten, aus einem neuen Buch vorzulesen. Sie ruft die Kinder, sie bilden mit ihren Stühlchen einen Kreis. Auch Uwe ist dabei, aber die Stühle links und rechts von ihm bleiben leer. Er schaut recht unglücklich nach den leeren Stühlen. Die Erzieherin sagt: „Weißt du, die anderen Kinder haben Angst, daß du sie beißen würdest" – Uwe war gerade in einer „Beißphase" –, „deshalb sitzt niemand neben dir. Wenn du versprechen könntest, mindestens so lange nicht zu beißen, bis ich euch vorlese, kämen sicherlich zwei Kinder zu dir." Uwe überlegt lange, schaut dann mit großen Augen auf die Erzieherin, schüttelt den Kopf und sagt mit weinerlicher Stimme: „Ich beiße immer!" Die beiden Stühle bleiben leer, die Erzieherin liest eine spannende Geschichte. Mitten in einer abenteuerlichen Szene springt Uwe auf, rennt zu dem Kind, das der Erzieherin gegenüber sitzt, und schlägt es mit der geballten Faust kräftig auf den Kopf. Das Kind beginnt zu weinen und läuft zur Erzieherin. Inzwischen sitzt Uwe bereits wieder friedlich auf seinem Stuhl. Der vorwurfsvolle Blick der Erzieherin lockt ihn herbei, sie erklärt ihm, wie der Schlag dem anderen Kind immer noch weh tut, Uwe scheint betroffen und streichelt über den Kopf des Kindes. Die Erzieherin ist zufrieden, der Bösewicht ist immerhin bekehrungswillig. In diesem Moment tritt Uwe das Kind mit voller Wucht vor das Schienbein.

Wir haben das Videoband viermal angesehen, bis wir eine zuverlässige Analyse gefunden haben. Die Erzieherin hat natürlich nicht die ganze Zeit nach unten auf das Buch geschaut, sondern wie jede vernünftige Vorleserin, ab und zu mal den Kopf gehoben und den Rest des Satzes so vorgetragen, um den Kontakt mit den Kindern nicht zu verlieren. Dabei schaute sie häufig in Richtung des gegenüber sitzenden Kindes; genau das konnte Uwe offensichtlich nicht ertragen. Als dann Uwe das „verletzte" Kind zu streicheln begann, sicherlich in bester Absicht, war die Erzieherin vom unerhofften Entgegenkommen gerührt und legte die Hand auf die Schulter des Opfers: Das war wiederum für Uwe zu viel, er trat zu.

Sollte jemand hier den voreiligen Schluß ziehen, die Erzieherin habe sich falsch verhalten, so müßte dem entgegengehalten werden: Welche Supermenschen müssen denn Erzieherinnen sein, wenn sie beim Vorlesen darauf achten müssen, alle Kinder im Durchschnitt gleich häufig anzuschauen und einem weinenden Kind nicht die Hand auf die Schulter zu legen, ohne zu überlegen, ob dies alle anderen akzeptieren können? Das hat mit dem erzieherischen Alltag nichts mehr zu tun. Vielmehr muß gefragt werden, was mit einem Kind geschehen muß, das solche geringfügige, letztlich unvermeidliche „Ungerechtigkeiten" nicht ertragen kann.

 *Stefan,* gerade vier Jahre alt geworden, ist ein freundliches, heiteres Kind, zumindest, solange er in der Nähe der Erzieherin sein kann. Auch mit einigen Kindern kann er gut spielen, aber Peter und Sonja reizen ihn offensichtlich, auch wenn sie ihm nichts tun. Nachdem er erfahren mußte, daß die Erzieherin es nicht duldet, daß er die beiden schlägt – sie hat ihn bei solchen Anlässen festgehalten – legte er sich eine bessere Methode zurecht: Ist er in der Nähe von einem der beiden, so schlägt er nur ein einziges Mal zu, allerdings dann kräftig, und sagt freundlich lächelnd der herbeispringenden Erzieherin: „Du brauchst mich nicht mehr festzuhalten, ich schlage nicht mehr!"

Die solcherart frustrierte Erzieherin nimmt ihn einmal an beiden Händen, schaut ihn verzweifelt an und fragt eindringlich: „Warum mußt du denn immer diese beiden Kinder schlagen?" Stefan ist verdutzt und antwortet mit leiser Stimme: „Ich will doch auch einmal einen Freund haben!"

5.1 Angst und Aggressivität

Der unbestritten häufigste Symptomkomplex auffälligen Verhaltens ist eine Mischung aus Angst und Aggressivität, wobei die Angst nicht immer leicht zu erkennen ist, wenn aggressives Verhalten vorherrscht. Bereits eine kurze phänomenologische (am äußeren Erscheinungsbild orientierte) Betrachtung zeigt, daß zwischen den beiden Verhaltensmustern eine enge Beziehung bestehen muß:

- Man wird blaß vor Angst, erstarrt, die Atmung stockt, das Herz scheint stillzustehen. Dann werden Atmung und Herzschlag beschleunigt, die Wangen werden rot, es entsteht Bewegungsüberschuß, man bewegt sich teilweise unkontrolliert, man kann endlich fliehen.
- Auch vor Wut wird man blaß, wenn sie einen unverhofft überfällt. Man erstarrt, die Atmung stockt, das Herz scheint stillzustehen. Dann werden Atmungsfrequenz und Herztätigkeit beschleunigt, die Wangen werden rot, eine mehr oder weniger unkontrollierte Bewegungsfreude zeigt sich: jetzt kann auch ein sinnloser Angriff gestartet werden.

Deshalb ist die lerntheoretisch orientierte Psychologie dazu übergegangen, nicht mehr von physiologischen Grundlagen der Angst und der Aggressivität zu sprechen, sondern von einem *Aktivierungssyndrom,* dessen wesentliche Bestandteile sind:

- Beschleunigung der Atmung und der Herztätigkeit, Erweiterung der Pupillen und der Lungengefäße, Adrenalin-(Nebennierenhormon-)Ausschüttung, Aktivierung der Schweißdrüsen, damit Zunahme der PGR (der psychogalvanischen Reaktion, meßbar an der unterschiedlichen elektrischen Widerstandsfähigkeit der Haut), durch gesteigerte Sauerstoff-Aufnahme und Glucose-(Traubenzucker-)Freisetzung erhöhte Bereitschaft der quergestreiften (willkürlich beeinflußbaren) Muskulatur, herabgesetzte Aktivität der glatten (willkürlich nicht beeinflußbaren) Muskalatur und der Verdauungsdrüsen.

Diese Symptome erlauben allerdings keinen Rückschluß, ob es sich um eine angstbesetzte oder aggressive Handlung bzw. Handlungsbereitschaft handelt, da beide ähnliche Aktivitäten voraussetzen.

▶ **Angst** ist eine Grundbefindlichkeit, bei der der Mensch bereit ist, entweder den Umweltkontakt aufzugeben oder aggressiv zu reagieren. In beiden Fällen ist seine soziale Existenz gefährdet.

Fragt man nach der Entstehung der Angst, stehen zwei grundsätzliche Erklärungsversuche zur Verfügung: der psychoanalytische und der lerntheoretische Ansatz.

● FREUD sieht in der Angst ein „Produkt der psychischen Hilflosigkeit des Säuglings, welche das selbstverständliche Gegenstück seiner biologischen Hilflosigkeit ist".

Damit wird der Charakter der Grundbefindlichkeit betont: Angst ist von Anfang an vorhanden, grundgelegt bereits in der ersten Erfahrung des Ausgestoßenseins beim Geburtsvorgang, bestätigt in der ständigen Unterlegenheit des Säuglings und des Kleinkindes, verstärkt bei drohendem Liebesverlust und Strafe, immer wieder neu belebt durch Vorwegnahme einer furchteinflößenden Zukunft.

Die Angst vor der Zukunft wird nach FREUD durch zwei Phänomene aufrechterhalten:

1. Das Ich (der kontrollierte, bewußte Teil der Persönlichkeit) schreckt vor den Ansprüchen des Es (des unkontrollierten, unbewußten Teils der Persönlichkeit) zurück; es befürchtet, von den ungesteuerten Wünschen und Bedürfnissen des Es überflutet zu werden.

2. Das Ich schreckt vor den Ansprüchen des Überich (des kontrollierenden, normierenden Teils der Persönlichkeit) zurück, zumal, wenn es als Gebot empfindet, den Ansprüchen des Überich gerecht zu werden, und gleichzeitig befürchtet, ihnen nicht gerecht werden zu können. So wird das Ich unausweichlich schuldig.

Diese Angst kann nur gemindert werden, wenn dem Kind vermittelt wird, daß es von den Bezugspersonen bedingungslos geliebt wird, d.h., es kann auch durch Schuldig-Werden die Liebe nicht verlieren.

● Der **lerntheoretische** Ansatz geht davon aus, daß Angst
als Reaktion gelernt wird.

 Am besten kann man das an einem Beispiel ver-
deutlichen: Ein Kind stottert und wird deshalb
von seinen Kameraden verspottet. Der Spott
bewirkt bei ihm Angst. Diese Angst entsteht
spontan, sie muß nicht gelernt werden, weil
Spott als unmittelbare Bedrohung der sozialen
Existenz erlebt wird. Da Stottern und Verspotten erfahrungsge-
mäß zeitlich dicht beieinander liegen, entwickelt sich daraus ein
deutliches Bild des klassischen Konditionierens: Die ursprünglich mit dem Verspotten verknüpfte Angst wird durch die zeitliche Nähe zunehmend mit dem Stottern verbunden: Nach einiger Zeit löst bereits Stottern und nicht erst Verspotten Angst
aus.

Eine solche klassisch konditionierte Verbindung hat die Tendenz zur Generalisierung: Erst hat das Kind nur Angst vorm
Stottern, dann immer mehr auch vor dem „vielleicht Stottern",
deshalb versucht es, lieber nicht mehr zu sprechen. Danach genügt auch der Wunsch, zu sprechen, um Angst zu bewirken, in
der Folge auch die Anlässe, die zum Sprechen „verleiten" könnten, wie etwa Angesprochen-Werden, schließlich auch die Gefahr, man könnte angesprochen werden – der Stotterer kann
mit der Zeit den sozialen Kontakt verweigern.

Parallel zum klassischen Konditionieren verläuft in der
Regel ein operant (durch Verstärker) konditionierter Prozeß: Das Vermeidungsverhalten (= da er nicht mehr
spricht, stottert er nicht mehr und wird auch nicht mehr
verspottet) ist erfolgreich! Das angstbedingte Verhalten
wird belohnt, damit auch verstärkt.

▶ Angstreaktionen verlaufen häufig nach diesem
Schema: Das klassisch konditionierte Vermeidungsverhalten wird operant gefestigt. Deshalb ist ängstli-
ches Verhalten äußerst therapieresistent: Der Stotterer
– um bei dem genannten Beispiel zu bleiben – muß mit
der beängstigenden Situation des Sprechens konfron-
tiert werden, damit er wieder Mut zum sozialen Kontakt findet. Genau das will er aber gar nicht, weil er ge-

lernt hat, daß die Vermeidung des Sozialkontakts ihm die Verspottung, damit die Angst, erspart.

Die *Aggressivität* beschäftigt Eltern und Pädagogen mehr als die Angst, weil aggressive Kinder unangenehmer und somit sozial auffälliger sind als ängstliche.

▶ Aggressivität wird in der Regel definiert als Verhalten, das eine Schädigung (im extremen Fall Vernichtung) des Artgenossen, in unserem Falle des Mitmenschen, intendiert.(zu etw. neigen)

Für die Entstehung aggressiven Verhaltens gibt es eine Reihe von Hypothesen:

● Die Triebtheorie der Aggressivität hat FREUD unter dem Eindruck der sinnlosen Vernichtung von Menschenleben und Sachwerten im ersten Weltkrieg entwickelt.

Bei der theoretischen Grundlegung kam ihm seine frühere „Bläschentheorie" zu Hilfe. Dabei ging es um die Entstehung der ersten lebenden Zelle. Sie konnte nur als Konzentration lebenswichtiger Moleküle gedacht werden, welche aus der unmittelbaren Umgebung der lebenden Zelle stammen mußten. Damit entstand jedoch an einer Stelle der anorganischen Stoffe eine Ansammlung organischer Bestandteile als eine Art Fremdkörper. Sie mußte theoretisch in kurzer Zeit zerstört werden, sei es dadurch, daß die zufällige Konzentration sich unter dem Sog der Umgebung auflöste oder sich als fremder Druck in die Umgebung zerstreute (osmotischer oder dialytischer Druck); es sei denn, dieser Zelle gelang es, rechtzeitig eine schützende Hülle zu bilden. Diese Hülle wiederum konnte nur eine anorganische Verbindung sein, damit sie nicht durch den inneren Druck der organischen Stoffe zerstört wurde. So gesehen bedeutet die Bildung der Schutzhülle durch die organische Substanz eine Rückführung des Organischen (des Lebendigen) ins Anorganische (ins Leblose).

Hier setzte FREUD wieder an: Wird organischer Stoff zum eigenen Schutz in anorganischen Stoff verwandelt, so muß dieser Prozeß in letzter Konsequenz zur Selbstvernichtung führen, zu einer Rückentwicklung des Lebendigen ins Leblose. FREUD formuliert den logischen Schluß: „Das Ziel alles Lebens ist der Tod."

Wie bei allen triebbedingten Konflikten kann die Hilfe auch hier nur heißen: Beherrsche dich! Die Aggressivität wird als ein unvermeidbarer Bestandteil menschlicher Existenz akzeptiert, jeder muß sich ein Leben lang bemühen, sie mit aller Kraft zu bewältigen.

- DOLLARD entwickelte eine andere Erklärung, die Frustration-Aggression-Hypothese. Experimente mit Kindern sind der Hypothesenbildung vorausgegangen.

Hat man fünfjährige Kinder in einen Raum geführt, in dem sie wohl ihrer Altersstufe entsprechendes Spielmaterial hinter Glas sehen, aber nur Spielmaterial für jüngere und für ältere Kinder erreichen konnten, so reagierten sie entweder regressiv (sie benahmen sich, als wären sie viel jünger) oder aggressiv. So kann der subjektive Eindruck, zu Unrecht benachteiligt worden zu sein, aggressive Reaktionen auslösen. Der aggressive Mensch ist also überzeugt, eines wohlbegründeten Anspruchs verlustig gegangen zu sein. Demnach würde der Aggressive grundsätzlich im Interesse der Abwendung erlittenen oder drohenden Unheils handeln. Mit der allgemeinen Erfahrung stimmt das nicht überein, wenn es auch zweifellos solche Formen aggressiven Verhaltens gibt.

- BERKOWITZ hat diese Sichtweise um eine wichtige Variante erweitert: Er ging davon aus, daß die Frustration in der Regel nicht direkt Aggressivität auslöst, sondern Angst. Die spontane Reaktion zur Abwendung der Angst ist dann aggressiv, insbesondere bei mißlungener Gruppenintegration, d.h., wenn es dem Individuum nicht gelungen ist, sich einer bergenden und schützenden Gruppe anzuschließen.

Obwohl wir inzwischen wissen, daß auch bergende Gruppen insgesamt aggressiv handeln können, wenn sie z.B. das Spannungsfeld zwischen Kulturkreis und Kleingruppe als unüberbrückbar erleben, wird bei BERKOWITZ die Genese der Aggressivität aus der Angst besonders deutlich: Aggressives Verhalten soll weitere Gefahr abwehren, gleichgültig, ob es sich dabei um eine echte, vorgestellte oder vorweggenommene Gefahr handelt.

▶ Die folgenden Quellen aggressiven Verhaltens verdienen unter dem Gesichtspunkt lerntheoretischer Betrachtungsweise besondere Beachtung:

In mehreren Untersuchungen konnte **erlittene Aggressivität** dann als Ursprung aggressiven Verhaltens beobachtet werden, wenn sie von einer Person mit Vorbildcharakter stammte. Daher auch die grundsätzlichen Bedenken von Tausch und Tausch bezüglich der körperlichen Strafe im Elternhaus: „Strafende Eltern sind keine angemessenen Modelle sozialen Verhaltens, sondern Modelle für Aggression, für Gebrauch von Gewalt." Ein Hinweis auf den geringen Umfang oder auf die geringe Häufigkeit der Strafe überzeugt nicht, denn es geht dabei weniger um das dem Kind zugefügte Leid als um die Aneignung einer sozial minderwertigen Form der Konfliktlösung. Die Bedeutung **beobachteter Aggressivität als Grundschema eigenen Verhaltens** wurde durch sorgfältige Untersuchungen zweifelsfrei nachgewiesen. Das entsprechende Verhalten stellte sich bei der Mehrzahl der Kinder allerdings nur ein, wenn der beobachtete Aggressive für sein Verhalten nicht bestraft, sondern direkt oder indirekt belohnt wurde. Überraschend ist das Ergebnis, daß filmische Darstellung erfolgreicher Aggressivität eine größere Wirkung hat als die Beobachtung der wirklichen erfolgreichen Aggressivität.

Die ersten Ansätze zu einer Korrelation (= gegenseitiger Abhängigkeit) zwischen Aggressivität und Erziehungsstil hat Freud entwickelt. In der Begründung seiner Persönlichkeitstheorie spricht er von einer Spaltung des Ich, die „durch Gewährung von Liebesbeweisen und durch Androhung von Strafen, die dem Kind den Liebesverlust beweisen und an sich gefürchtet werden müssen", erfolgt und zur Ausbildung des Überichs führt.

Das Überich ist aber der Grund dafür, daß aus der ursprünglichen Realangst des Kindes eine Gewissensangst wird. Akzeptiert man diese innere Angst als Quelle der Aggressivität, so findet man hier erstmalig die Verbindung vom Erziehungsstil über die Angst zum aggressiven Verhalten deutlich dargestellt.

Auch die Erfahrungen in einem Forschungsprojekt im Kindergartenbereich haben uns gelehrt, daß kindliche Aggressivität in der Regel mit dem Erziehungsstil im häuslichen Bereich zusammenhängt. Allerdings schafft nicht allein aggressives Verhalten dem Kind gegenüber auch bei ihm aggressives Verhalten. Vielmehr kann sowohl ein verwirrender Erziehungsstil, bei dem Gewähren und Bestrafen in vergleichbaren Situationen unberechenbar aufeinander folgen, als auch ein Laisser-faire-Stil, der keine Orientierungshilfen bietet, aggressives Verhalten provozieren.

▶ Hinter demonstrativ aggressivem Verhalten fanden wir immer Angst. So gesehen, scheint es ein Kunstfehler zu sein, wenn man bei einem aggressiven Kind nicht von vornherein die Frage stellt: Wovor hat es Angst?

Wir fanden im Laufe der Zeit alle gängigen Theorien – mit Ausnahme der Triebtheorie, die naturgemäß außerordentlich schwer nachzuweisen ist – bestätigt.

Aggressivität kommt anscheinend selten aus einer Quelle, ebenso selten fehlt jedoch unter den verschiedenen Quellen das Lernen am Modell.

Da man in Wirklichkeit kaum behandlungsbedürftige verhaltensauffällige Kinder findet, bei denen nicht Angst und/oder Aggressivität eine Rolle spielen – selbst wenn sie nicht direkt als eigene Symptome entdeckt werden – ist es berechtigt, dem Studium dieser Phänomene besondere Aufmerksamkeit zu widmen.

5.2 Hilfe im Kindergarten

Die Erzieherin hat wohl gemerkt, daß *Horst* und Michael anfangs gute Freunde waren und sich auf einmal nicht mehr so gut verstanden. Michael machte dabei keine Schwierigkeiten, denn er fand einen neuen Freund. Als Horst immer aggressiver wurde, hätte es nahegelegen, darin ein Umkippen der früheren Zuneigung in eine aggressive Abneigung zu erblicken und daraus für das pädagogische Handeln den Schluß zu ziehen, man könnte ihm am schnellsten helfen, wenn man ihn von Michael fernhält und ihm einen neuen Freund besorgt. Manch einer wäre vielleicht sogar auf die Idee verfallen, dem kräftigen Michael zu raten, sich endlich zu wehren, Horst kräftig zu zeigen, daß Angriff nicht lohnt.

Erst der zitierte Satz (vgl. S. 46) zeigt, wie verhängnisvoll eine solche Hilfe gewesen wäre und legt gleichzeitig abgrundtiefe Angst als Ursache der Aggression bloß.

Schon Michaels Bereitschaft, mit einem anderen Kind zu spielen, war für Horst unerträglich, er wollte und konnte ihn mit keinem anderen teilen. Seine größere Angst war aber, Michael könnte ihn auch noch schlagen und damit endgültig demonstrieren, daß er mit ihm nichts mehr zu tun haben will.

Sein Angriff war der letzte verzweifelte Versuch, mindestens diesem letzten Beweis, nicht mehr als Freund geliebt zu werden, vorzubeugen.

Damit wurde auch der richtige Ansatz der Hilfe klar: Horst mußte lernen, daß Freundschaft keine Besitznahme bedeutet. Man kann mit jemand guter Freund sein, auch wenn er weitere Freunde hat.

Bei *Uwe* waren die Erzieherinnen, die sich regelmäßig von einer Psychologin mit Erfahrung in Kinderpsychotherapie beraten lassen konnten, immer wieder ratlos. Wohl zeigt das angeführte Beispiel deutlich die übermächtige Angst vor Verlust der Zuneigung der Erzieherin, sobald sie sich einem anderen Kind auch nur dem Anschein nach zuwendet, aber viele andere aggressive Szenen blieben trotzdem unbegreiflich. Häufig hatte man den Eindruck, daß ihm selbst seine Aggressivität in der Seele zuwider war, aber er konnte nicht anders. Deshalb entschloß man sich, zeitweise die Methode des „time out" anzuwenden, d. h.: Wurde er in der Gruppe unerträglich, faßte ihn die Erzieherin an der Hand, führte ihn ins Büro der Kindergartenleiterin, setzte ihn dort auf einen Stuhl und sagte: „Wir können dich jetzt in der Gruppe nicht ertragen, und du kannst uns nicht ertragen. Wenn du glaubst, daß du wieder mit uns spielen kannst, komm' bitte zurück."

Das bedeutet natürlich einen hohen Grad der sozialen Isolation und darf nur angewandt werden, wenn wie bei Uwe verfahren wird:

Uwe kam in einen normalen Raum, in dem eine ihm bekannte Person anwesend war. Sie hatte zwar keine Zeit, sich mit ihm zu beschäftigen – sollte sie auch nicht haben, denn die Maßnahme darf nicht den Charakter einer Belohnung annehmen –, machte ihm jedoch auch keine Vorwürfe, vielmehr blieb sie ihm freundlich zugewandt und machte ihre Arbeit weiter. Fragte er, ob er wieder in die Gruppe zurück darf, antwortete sie: „Wenn du glaubst, daß du wieder mit den Kindern spielen kannst, kannst du zurück."

Nach anfänglicher Überraschung hat Uwe das „time out" als Hilfe zunehmend akzeptiert. Das begann damit, daß er auf die Frage der Kindergartenleiterin, die nach 10 Minuten selber unsicher wurde, ob er denn noch nicht zurück wollte, mit verschränkten Armen stumm den Kopf schüttelte. Nach weiteren fünf Minuten sprang er auf und verkündete strahlend: „Jetzt kann ich!" Er lief in die Gruppe zurück und spielte friedlich mit den anderen Kindern.

Später entwickelte er folgendes Verhalten: Hatte er eine Zeit lang aggressiv getobt, so ging er von sich aus zur Tür, knallte sie hinter sich zu, ging ins Büro, setzte sich auf den besagten Stuhl und schaute mit verschränkten Armen grimmig vor sich hin. Bemerkungen der Kindergartenleiterin beantwortete er nicht. Nach einiger Zeit entspannten sich seine Gesichtszüge, er begann zu lächeln und ging in die Gruppe zurück.

Aber das Gesamtproblem konnte so nicht gelöst werden. Es verdichtete sich der Verdacht, daß er zu Hause oft geschlagen wurde. Damit begannen zermürbende Elterngespräche. Wohl haben die Eltern eingeräumt, daß sie sein Verhalten oft unerträglich finden und dann zu ihm „konsequent" sind, es gelang jedoch nicht, die Deutung dieses Wortes zu erfahren. Die ganze Bemühung der Erzieherin richtete sich darauf, den Eltern glaubhaft zu machen, daß es ihr nicht darum ging, von ihnen ein „Geständnis" zu erhalten, wohl aber eine ehrliche Aussage als Grundlage weiterer gemeinsamer Überlegungen.

▶ Damit ist ein entscheidender Punkt vergleichbarer Elterngespräche angeschnitten. Die Eltern haben Angst davor, zugegeben, daß sie ihr Kind schlagen, weil sie befürchten, damit würden sie ihrem Gesprächspartner die billige Gelegenheit bieten, mit einem „Aha!"-Ausruf gleichsam die wahren Schuldigen zu identifizieren. Damit wäre dann das sinnvolle Gespräch auch beendet, außerdem wäre es in der Mehrzahl der Fälle ein klares Unrecht: Eltern schlagen ihre Kinder in der Regel nur, wenn sie am Ende ihrer Erziehungskunst angelangt sind und ihnen nichts Besseres mehr einfällt. Also brauchen sie Hilfe.

Sobald die Eltern von Uwe begriffen haben, daß die Erzieherin mit ihnen überlegen will, was man in vergleichbaren Situationen außer Schlagen tun könnte, wurde „konsequentes Verhalten" als häufige – in manchen Wochen tägliche – Prügelstrafe bestätigt.

Neben der Angst, die Zuneigung der Erzieherin zu verlieren, handelte es sich bei Uwes aggressivem Verhalten offensichtlich auch um einen gelernten Verhaltenskomplex, der nach seinen leidigen Erfahrungen zum Erfolg

führen mußte. Er mußte andere, friedliche erfolgreiche
Verhaltensweisen kennenlernen.

Stefan hatte offensichtlich keine angemessenen Formen
der Kontaktaufnahme gelernt, wollte er jemand auf sich
aufmerksam machen, mußte er zuschlagen. Nachdem die
Erzieherin den Ursprung der Aggressivität entdeckt hat,
sagte sie bei einer ähnlichen Gelegenheit, als er wieder
einmal Sonja schlug, zu ihm: „Warum steichelst du sie
nicht? Das hat sie viel lieber." Stefan sprang mit hochro-
tem Kopf davon und streckte die Zunge raus. Nach zehn
Minuten kam er wie per Zufall in die Nähe von Sonja und
streichelte sie verstohlen kurz an der Hand. Sie – be-
glückt, endlich einmal nicht geschlagen worden zu sein –
lächelte ihn an. Das war der Anfang einer jahrelangen
Freundschaft.

Wie späteres Schulversagen oft bereits im Kindergarten erkannt werden kann

Das häufigste Symptom, mit dem Kinder an einer Beratungsstelle vorgestellt werden, ist Schulversagen. Geplagte Eltern berichten, daß sie täglich stundenlang bei den Hausaufgaben helfen müssen. Hat das Kind die Lösung seiner Aufgabe endlich begriffen, am nächsten Tag versagt es in der Schule doch. Es wird über Konzentrationsschwäche geklagt.

Es geht hier um Kinder, die in der Schule versagen, obwohl sie im Grunde über eine mindestens durchschnittliche intellektuelle Begabung verfügen. Es ist nicht leicht, diesen Kindern im Schulalter zu helfen, weil sie von der ersten Klasse Grundschule an zeitlich und leistungsmäßig verplant sind. Jede Hilfe bedeutet notgedrungen eine zusätzliche zeitliche Belastung und eine weitere Leistungsanforderung. Außerdem hinkt die Hilfe naturgemäß immer hinterher: Auf jeden Fall muß das Kind eine Zeit lang wiederholtes Versagen in Kauf nehmen. Viel günstiger wäre es, wenn man drohendes Schulversagen bereits im Kindergarten entdecken und gleichsam im voraus (prognostisch) behandeln könnte. Das ist in vielen Fällen in der Tat möglich. Deshalb sollen im folgenden die Frühsymptome aufgezeigt werden.

6.1 Frühsymptome der neurotischen Leistungsminderung

Den Begriff der neurotischen Leistungsminderung hat DÜHRSSEN geprägt. Neurose wird klassisch definiert als eine von der Norm wesentlich und dauerhaft abweichende Erlebnisreaktion. Der Neurotiker erlebt übliche Situationen anders als der Durchschnitt und reagiert deshalb auch anders darauf. In unserem Fall erlebt das Kind die Leistungsanforderung extrem bedrohlich und reagiert mit Leistungsversagen.

Für dieses Verhalten gibt es eine Reihe, inzwischen durch die Erfahrung gesicherte, Frühsymptome, die im Kindergarten entdeckt werden können:

Unter **intentionalen Lücken** versteht DÜHRSSEN die Unfähigkeit eines Kindes, die Umgebung ähnlich wie andere Kinder wahrzunehmen und sie spielerisch-experimentell zu benutzen. Es gibt Kinder, für die auch eine sorgfältig gestaltete Umgebung – im Kindergarten wohl selbstverständlich – kaum einen Aufforderungscharakter hat. Sie gehen an Spielsachen und an Beschäftigungsmaterial vorbei, wissen nicht, was sie tun sollten. Werden sie auf Spiel- und Beschäftigungsmöglichkeiten aufmerksam gemacht, so finden sie das dazu nötige Material nicht, auch nicht, wenn andere Kinder sich längst vor ihren Augen mit demselben Material bestens amüsieren. Gehen sie spazieren, so sehen sie weniger als andere Kinder, können deshalb auch weniger berichten, vor allem finden sie wenig, was sie persönlich ansprechen oder zu einer spielerischen Tätigkeit anregen könnte.

Die Umwelt scheint für diese Kinder eine geringere Bedeutung zu haben. Sie müssen behutsam an das Material und an die Umwelt herangeführt werden, jede Ungeduld würde Angst und Abwehr erzeugen. Sie müssen Freude an Farben und Formen, an Wechsel und an Bewegung finden. Sie müssen die Dinge im ursprünglichen Sinne des

Wortes begreifen: über die Bauklötze streicheln, den Sand durch die Finger rieseln lassen, die Farbe zwischen den Fingern verreiben, die Hände ins Wasser tauchen, Puppen ausziehen, baden und anziehen, kämmen, sie ins Bett legen – nicht nur die Mädchen, auch die Jungen – Blumen und Tiere beobachten, in die Hand nehmen, versorgen.

Die **Spielhemmung** ist eines der bedeutsamsten Symptome späterer Verhaltensauffälligkeit. Spiel ist spontanes, angeborenes Verhalten, das nur dem Anschein nach weder zweckmäßig noch lebenserhaltend ist. Die Erfahrung lehrt, daß Kinder, die längere Zeit am Spiel gehindert werden, nachher schwere Verhaltensstörungen aufweisen.

„Spielen bedeutet für das Kind sich unterhalten. Es unterhält sich mit seinen Händen und Füßen, mit seiner eigenen Stimme, mit den Tieren, dem Sand und den anderen Kindern. In erster Linie bedeutet das Spiel die Freiheit, sein Vergnügen dort zu suchen, wo es vermutlich zu finden ist. Zwar ist nicht jedes Vergnügen Spiel, aber es gibt kein echtes Spiel ohne Vergnügen. Stellt man dem Kind eine Aufgabe, die ihm mißfällt, so will es ‚lieber spielen‘, das heißt, das Spiel impliziert weder Leistungsanforderung noch Erfolgszwang." Das heißt aber keineswegs, daß das Spiel nicht auch Übungscharakter haben und spätere Tätigkeiten sinnvoll vorbereiten kann.

Im Laufe der Zeit sind eine Reihe von Spieltheorien entstanden. Die einen glaubten, das Kind verbrauche weniger Kraft, als es potentiell zur Verfügung habe, und der so entstehende Kraftüberschuß führe zum Spiel, andere meinten, im Spiel werde die phylogenetische (stammesgeschichtliche) Entwicklung wiederholt und das Kind so über frühere Kulturformen (Sammler, Jäger) an die aktuelle Wirklichkeit herangeführt. Sieht man in völkerkundlichen Museen die alten Spielzeuge, die in der überwiegenden Mehrzahl miniaturisierte Gebrauchsgegenstände der Erwachsenen darstellen, so legt das einem die Vermutung nahe, daß die Kinder im Spiel – zumindest nach dem Willen der Erwachsenen – ihr späteres Leben einüben sollen.

ADLER sieht im Spiel eine Scheinbefriedigung der Macht- und Geltungstriebe: im Spiel kann das Kind die Realität ohne Rücksicht auf den Wirklichkeitsbezug der Erwachsenen verändern und so auch in ausweglos scheinenden Situationen Sieger bleiben. Sigmund und Anna FREUD betrachten das Spiel als eine Chance der Katharsis, d. h., das Kind kann seine sonst unüberwindlichen Probleme im Spiel ausagieren und so auch bereinigen. PIAGET sieht das Spiel im Dienste der Entwicklung intellektueller Fähigkeiten, HECKHAUSEN meint, das Spiel bedeute vor allem Spannungsabfuhr (Aktivierungstheorie), somit wohl auch primäre Freude.

▶ Zusammenfassend können wir formulieren: Für das Spiel des Kindes scheint es typisch zu sein, daß es ihm als Tätigkeit Freude bereitet, sei es im Erlebnis eigener, neugewonnener Funktionen, in der Veränderung der häufig bedrohlichen Realität oder im Abbau von sozialen Konflikten. Kann ein Kind nicht spielen, so geht es der Freude an typisch kindlichen Tätigkeiten, aber auch am Erlebnis neugewonnener Funktionen verlustig. Außerdem hat es keine angemessenen Möglichkeiten, unvermeidbare soziale Konflikte, die in der Wirklichkeit häufig unlösbar bleiben, im Spiel zu lösen.

Die Erzieherin kann ihm nur helfen, wenn ihr die Spielentwicklung des (nicht gestörten) Kindes bekannt ist und sie methodische Ansätze zur Verfügung hat, das Kind über die einzelnen Spielformen (Funktionsspiel, Rollenspiel, Konstruktionsspiel, Regelspiel) zum altersgerechten Spiel anzuleiten.

Häufig erlebt man bei den „späteren Schulversagern" eine unbegreifliche **Ungeduld.** Obwohl sie scheinbar am Material und an Angeboten der Erzieherin (zur Gestaltung des nächsten Tages oder der nächsten Freizeit) gar nicht interessiert sind, können sie in Wirklichkeit auf die Realisierung nicht warten. Müssen sie warten, so erleben sie dies als ein quälendes Unrecht, das ihnen von der Erzieherin zugefügt wird. Haben sie ein Anliegen, so müssen alle anderen Kinder zurückstehen, bis ihr Problem gelöst werden konnte. Mit kurzen, vorläufigen Erklärungen und Regelungen sind sie nicht zufrieden.

Die heilpädagogische Hilfe ist ein soziales Problem: Wie kann man das Kind dazu bringen, einem Erwachsenen doch noch Vertrauen zu schenken, sich auf sein Wort zu verlassen? Andererseits ist ein Leben ohne gegenseitiges Vertrauen im Sozialverband kaum denkbar. Deshalb muß bei jedem Kind, trotz gegenteiliger Erfahrungen, die Vertrauensfähigkeit gefördert werden.

Der Begriff der **aggressiven Gehemmtheit** scheint einen Widerspruch zu beinhalten. In Wirklichkeit handelt es sich um ein recht zuverlässiges Frühsymptom späterer Leistungsverweigerung.

 Die fünfjährige Heidrun kam fröhlich in die Beratung. Allerdings schien sie gar nicht zu hören, was der Psychologe zu ihr gesagt hat: weder die Begrüßung noch die Aufforderung, Platz zu nehmen. Vielmehr blieb sie vor dem Schreibtisch stehen und betrachtete interessiert die darauf liegenden Gegenstände. Endlich hat sie einen kurzen, kaum noch brauchbaren Bleistiftstummel entdeckt! Sie zeigt darauf und fragt: „Darf ich das haben?" Der Psychologe sagt: „Ja, das darfst du haben." Heidrun nimmt den Bleistiftstummel, rennt in das Wartezimmer und drückt ihn einem dort sitzenden Kind in die Hand. Sie kommt strahlend zurück und verkündet: „Ich verschenke alles!" Die Mutter blickt stolz auf ihre Tochter.

Diese Kinder erscheinen häufig überangepaßt, sie sind ständig bestrebt, den Erziehern zu folgen, selbst deren Wünsche wollen sie beachten. Sie können sich der Umwelt nicht korrigierend zuwenden. Ihre Versuche, Konflikte zu lösen, sind eher unbeholfen. In Wirklichkeit handelt es sich um eine ängstliche Anpassung, die keinen noch so vorsichtigen Widerspruch duldet, weil man ständig befürchtet, den Bezug zum Erzieher zu verlieren. Außerdem haben diese Kinder offensichtlich die Vorstellung, persönlicher Bezug müsse durch angepaßtes Verhalten immer neu verdient werden.

Blitzt einmal für eine Sekunde aggressives Verhalten auf – das kommt immer wieder bei ihnen vor –, so sind sie selber am meisten erschrocken. Häufig versuchen sie, ihre durchbrechende Aggressivität nachher als Spaß zu erklären. Gelegentliches Begleitsymptom, wie auch bei manchen anderen Formen der Leistungsproblematik, ist das Nägelkauen.

Gelingt es, Kindern mit diesen Frühsymptomen im Kindergarten zu helfen, so hat man ihnen wahrscheinlich einen späteren Leidensweg erspart.

6.2 Frühsymptome der Legasthenie

Bereits 1896 hat der Engländer KERN über die „Wortblindheit" gearbeitet und meinte damit wohl dasselbe wie RANSCHBURG in seinem 1928 erschienenen Werk über „Die Lese- und Schreibstörungen des Kindesalters, ihre Psychologie, Pathologie, heilpädagogische und medizinische Therapie".

Entsprechend der damaligen Einstellung im Bereich der Naturwissenschaften suchte man zunächst ausschließlich nach körperlichen Ursachen und fand folgendes Syndrom:

Defekt im Lesezentrum (gyrus angularis), verlangsamte Entwicklung der Hirnrinde, mangelhafte Funktion der Kommissurbahnen, insbesondere im optisch-akustischen Bereich, sowie Balkendefekte (z. B. Thalamusblutung bei der Geburt). Andere meinten, die Defekte im Zentralnervensystem (ZNS) seien sekundär, in Wirklichkeit handle es sich um eine allgemeine mangelhafte Sauerstoffversorgung; dies sei auch noch vererbbar.

Die erste umfassende pädagogisch-psychologische Betrachtung des Problems verdanken wir Lotte MACH. Sie führte u. a. Untersuchungen mit dem Tachistoskop durch (ein Gerät, mit dessen Hilfe man projizierte Bilder ausgewählten Versuchspersonen in beliebiger Dauer – ab 1/100 Sekunde – anbieten und sie dann nach ihrem optischen oder begleitendem psychischem Eindruck befragen kann) und fand, daß Legastheniker besondere Schwierigkeiten hatten in den Bereichen der

- Synästhesie, d. h., sie konnten verschiedene Sinnesein-drücke, z. B. Figuren und Lautbildungen, nicht leicht miteinander verbinden,
- Synthese und Analyse auf der Abstraktionsebene, d. h., sie konnten nicht leicht Teile (Teilbilder) zu einem Ge-samtbild zusammenfügen oder aus einem Bild Teile sinnvoll herauslösen,
- Symbolbildung, d. h., sie konnten nicht leicht Figuren mit Sinngehalt verbinden.

Die Entstehung der Legasthenie ist uns bis heute nicht be-kannt. Theorien gibt es dafür verschiedene. Wir wissen aber, daß es sich dabei in der Regel um normalbegabte Kinder handelt, die das lesen und das richtige Schreiben mit den bei uns üblichen schulischen Methoden nicht er-lernen können. Wir wissen auch, daß sich das ständige un-vermeidliche Versagen im Bereich des Lesens und des Schreibens oft generalisiert, d. h., die Kinder verlieren die Leistungsbereitschaft auch in den anderen Fächern und kommen in der Schule überhaupt nicht mehr mit; sie ver-sagen nunmehr allgemein und werden häufig als vermutli-che Minderbegabte in die Sonderschule eingewiesen.

Den Leidensweg eines solchen Kindes kann man sich kaum vorstellen. Trotz allen Fleißes und aller Bemühun-gen bleibt es am Lesen und am Schreiben hängen. Viele können nicht mitvollziehen, daß ein Kind nach so vielen Übungen b und d, g und p, ei und ie immer noch verwech-seln kann. Wird die Legasthenie nicht rechtzeitig ent-deckt, muß das Kind jahrelang ungerechtfertigte Vor-würfe ertragen; kein Wunder, daß es jede Lust an der Schule und an der schulischen Leistungsform verliert. Seine Erfolge in den anderen Fächern können gleichsam gegen das Kind verwendet werden: Wie nahe liegt auch der Schluß, daß einer mit guten Leistungen im Rechnen endlich einmal auch das Lesen begreifen muß.

▶ Gelingt es, Frühsymptome der Legasthenie im Kindergarten zu entdecken und durch entsprechende Übungen zu schwach entwickelte Fähigkeiten altersgerecht auszubauen, hat man ihm viel Leid erspart. Solche Frühsymptome sind bekannt. Ein einzelnes Symptom oder kurzfristig auftretende Symptome müssen keineswegs auf drohende Legasthenie hinweisen, hartnäckiges Auftreten mehrerer Symptome kann aber ein Alarmzeichen sein.

6.3 *Hilfe im Kindergarten*

Konzentrationsschwächen

Die häufigste Beschwerde der Mütter an den Erziehungsberatungsstellen: „Mein Kind kann sich nicht konzentrieren!" Fragt man dann nach seiner Lieblingsbeschäftigung, so wird berichtet, daß es sich stundenlang mit der elektrischen Eisenbahn, mit Malen oder mit Bauen beschäftigen kann. Demnach kann es sich durchaus konzentrieren, wenn auch nicht auf die Aufgaben, die den Eltern und den Lehrern besonders bedeutsam erscheinen. Damit kein Mißverständnis entsteht: Ein Kind, das später selbständig in der Gesellschaft zurecht kommen soll, muß sich auch auf gestellte Aufgaben konzentrieren können. Mit dem Beispiel sollte lediglich gezeigt werden, daß es kurzschlüssig wäre, auf allgemeine Konzentrationsschwäche zu schließen, wenn ein Kind in der Grundschule nicht zügig allein seine Hausaufgaben erledigt.

Konzentrationsschwache Kinder sind im Kindergarten daran zu erkennen, daß sie auch bei Tätigkeiten, die sie selbst gewählt haben, nur kurze Zeit verweilen können. Anfängliche große Freude bedeutet keineswegs Ausdauer. Sie beginnen verschiedene Spiele kurzfristig hintereinander, sei es allein oder mit anderen Kindern, halten jedoch nichts durch. Entweder sagen sie: „Ich will nicht mehr", oder sie verbergen die fehlende Ausdauer hinter Kaspern. Mit lautem Gelächter zerstören sie das Spiel und laufen davon, um in der nächsten Ecke etwas Neues zu beginnen. Sie sind bei den anderen Kindern nicht beliebt, oft als Spielverderber verschrien; im Extremfall können sie durch die Gruppe isoliert werden.

Diese Kinder zeigen einen geradezu unbändigen Tätigkeitsdrang. Am liebsten würden sie gleichzeitig mit allen Kindern und mit dem gesamten erreichbaren Spielmaterial spielen. Ist das nicht möglich, so flattern sie ruhelos von einer Tätigkeit zur anderen. Oft finden sie Ruhe und Ausdauer bei der Rhythmik. Sie befinden sich dann in einem relativ reizarmen Raum und bewegen sich gemeinsam mit allen dort anwesenden Kindern. Konzentrationsschwache Kinder werden von den Außenreizen gleichsam überflutet: Sie können sich vor den verschiedenen, auf sie einströmenden Eindrücken gar nicht retten. Ergreifen sie eine sich bietende Chance, so haben sie gleich Angst, eine weitere Chance könnte ihnen verloren gehen. Gerade ein mit Spiel- und Beschäftigungsmaterial reichhaltig ausgestatteter Raum kann sie restlos überfordern.

▶ Deshalb sollte man im Kindergarten, wenn man für eine Gruppe zwei Räume zur Verfügung hat, den einen Raum eher reizarm ausstatten: Dort sollte nur wenig ausgesuchtes Material mit klarem und intensivem Aufforderungscharakter sichtbar sein. Hat man nur einen Raum, sollte mindestens eine Ecke optisch vom Raum getrennt reizarm eingerichtet werden.

Manche Kinder reagieren in dieser Situation anders: Sie retten sich vor der drohenden Reizüberflutung, indem sie sich der Außenwelt praktisch verschließen, eine eigene Traumwelt aufbauen. Sie sind anwesend, aber sie sind nicht da.

Rhythmik, besonders rhythmische Gruppenübungen – die sog. sozialen Übungen – bieten einen guten Ansatz zur Behandlung kindlicher Konzentrationsschwächen. Konzentration üben können sie natürlich nur bei Tätigkeiten, die ihnen Freude bereiten oder deren Abschluß mit einem deutlichen Gefühl der Zufriedenheit verbunden ist.

Deshalb muß die Erzieherin mit viel Geduld nach Be-
schäftigungen suchen, bei denen das Kind am ehesten be-
reit ist, die übrige Umgebung eine Zeitlang zu vergessen.
Weniger zweckmäßig ist es, Konzentration mit von der
Tätigkeit unabhängiger Belohnung aufbauen zu wollen
(„Wenn du eine halbe Stunde mit den Bauklötzen spielst,
kriegst du ein Eis").
Konzentration soll Zuwendung und Engagement in der
Sache werden und nicht eine an sich unangenehme Ange-
legenheit, die man für eine spätere Belohnung erduldet.

Herabsetzung der Prägnanz

Unter Prägnanz verstehen wir die Fähigkeit, Bilder,
Klangfiguren, Bewegungen und soziale Situationen – optische, akustische, motorische und soziale Strukturen – so
genau wahrzunehmen, daß man ähnliche Strukturen bereits bei geringer Differenz als verschieden erkennt.
Diese Differenzierungsfähigkeit ist entwicklungsab-
hängig. Bekannt ist die Erfahrung, daß ein Kind in den ersten Lebensmonaten eine primitive Maske mit drei gut erkennbaren Löchern darin genauso anlächelt wie das Gesicht der Mutter. Allerdings kann man dieses Experiment
bei normaler Entwicklung eben nur wenige Wochen lang
mit Erfolg durchführen. Welche Entwicklung macht ein
Kind in der optischen Differenzierung durch, bis es in der
Grundschule ein b von einem d, ein p von einem q und
eine 1 von einer 7 unterscheiden kann! Bei schnell hand-
geschriebenen Buchstaben wird es mit dem n und dem u
länger Schwierigkeiten haben; wir haben sie auch, wenn
es uns nicht gelingt, das Wort als Gesamtstruktur zu identifizieren und damit den richtigen Buchstaben, ohne es zu
merken, „hineinzulesen". (Diese Fähigkeit führt dann andererseits dazu, daß man Druckfehler mehrfach überle-
sen kann.)
Den Tonfall in den einfachen Kategorien der Zuwendung, des Wohlwollens, der Strenge und der Bedrohung
richtig zu erkennen, ist wohl eine der ersten akustischen

Leistungen, die das Kind fertigbringt, lange bevor es noch sprechen kann. Aber die Differenzierung muß viel weiter gehen. Es wird echtes Wohlwollen vom vorgetäuschten, wirkliche Bedrohung vom Spiel unterscheiden und eine ganze Reihe weiterer, feiner abgestufter Kategorien wahrnehmen müssen. Die Fähigkeit, zwischen dem mehr spielerischen oder ärgerlichen Ruf der Mutter und ihrem angsterfüllten Ruf, der das Kind vom Sprung vor ein Auto zurückhalten soll, in Sekundenbruchteilen genau zu unterscheiden, kann lebenserhaltend sein. Das Kleinkind wird auf jedes Tier mit Freude zugehen und es streicheln wollen, später wird es erkennen müssen, daß eine mit hochgestelltem Schwanz einherschnurrende Katze eine andere Erwartungshaltung mitteilt als eine geduckt eine Maus anschleichende. Auch ein Mensch auf Zehenspitzen kann mal Spiel und mal Bedrohung darstellen. Hochgerissene Arme können Freude, Angst und Angriff bedeuten, eine zuverlässige Differenzierung ist nur in Verbindung mit der gesamten Körperbewegung und der Mimik möglich.

Kommt ein Erwachsener ihm mit ausgebreiteten Armen entgegen, so wird das Kind zunächst auf ihn zulaufen. Mit der Zeit wird es lernen müssen, zwischen bekannten und unbekannten, befugten und unbefugten Personen zu unterscheiden. Es wird soziale Situationen beurteilen müssen, ob sie einladend oder abweisend, schützend oder bedrohlich sind.

Der Prägnanz entgegengesetzt scheint der Transfer, die Fähigkeit, in einer bestimmten Situation gelernte Elemente auf ähnliche Situationen zu übertragen; Grundlage des exemplarischen Lernens. An einem einfachen Beispiel dargestellt bedeutet dies, daß ein Kind, das noch niemals einen sechseckigen Tisch gesehen hat, diesen Gegenstand an bestimmten Merkmalen eben als einen Tisch identifizieren können muß, allerdings als einen in dieser Form erstmalig gesehenen Tisch. Das Zusammenspiel von Transfer und Prägnanz ergibt das notwendige ausgewogene Verhältnis zwischen analytischer und synthetischer

Sichtweise der Umwelt. Für die Beurteilung einer drohenden Legasthenie ist die mangelhafte Prägnanz als Syn-
dromkomponente von großer Bedeutung.

Orientierungsschwäche

Um das richtige Schreiben zu erlernen, muß man einen
hohen Grad an feinmotorischer Koordination erreicht
haben. Will man beim Schreiben nicht jeden einzelnen
Buchstaben aus dem Gedächtnis „abmalen", so sind auch
noch schnell verlaufende synästhetische Leistungen erforderlich: Schon beim Denken an ein Wort muß nicht
nur dessen Lautgestalt unbemerkt auf die zur Lautgestal-
tung notwendigen Muskelbewegungen, sondern auch auf
die zur Schreibgestaltung erforderliche feinmotorische
Leistung übertragen werden.

Manche Kinder haben Schwierigkeiten, oben und unten, rechts und links spontan zu unterscheiden, und werden deshalb mit der Differenzierung einzelner optischer
Symbole, wie z. B. p und b, b und d Schwierigkeiten haben.

Die Orientierungsfähigkeit kann mit einigen guten Ar-
beitsblättern gefördert werden; entscheidend ist, daß es
gelingt, sie als Spiel und nicht als vorweggenommene
Schule anzubieten. Manches im Montessori-Material
dient der feinmotorischen Koordination. Erfahrene Erzieherinnen werden auch beim üblichen Beschäftigungsmaterial dafür Möglichkeiten finden.

Bevorzugt das Kind die linke Hand, so ist die entscheidende Frage – die nur von einem in der Überprüfung der
Motorik erfahrenen Fachmann beantwortet werden kann
–, ob es sich dabei um eine echte Linkshändigkeit, d. h.:
um die feinmotorische Dominanz der rechten Hemi-
sphäre (Hälfte der Großhirnrinde) handelt. In diesem
Falle wäre jeder Versuch, dem Kind doch noch Rechts-
händigkeit beizubringen, schädlich.

7

Über die Sprache,
die mehr als nur
Kommunikationsmittel ist

Die Sprache ist das wichtigste Kommunikationsmittel des Menschen. Um so verwunderlicher ist es, daß der Mensch kein eigenes Sprachorgan besitzt. Die im Zentralnervensystem strukturierte Sprache muß in einem komplizierten Zusammenwirken von Atmung, Kehlkopf, Zunge, Mundhöhle, Unterkiefer, Zähne und Lippen hörbare Gestalt gewinnen. Durch zwei zusätzliche Faktoren, durch die Melodie (den Tonfall) und durch eine „sichtbare Sprache", d. h. durch Mimik und Gestik, wird die hörbare Sprache teils bereichert, teils überhaupt erst verständlich.

Wahrscheinlich kennen Sie die folgende Anekdote: Müller hat Maier beleidigt. Er hat ihn öffentlich einen unehrlichen Menschen genannt. Er wird vom Richter verurteilt, Maier vor Zeugen zu sagen, er sei ein ehrlicher Mensch, außerdem müsse er sich bei dieser Gelegenheit bei ihm entschuldigen. Maier lädt Gäste zu diesem Anlaß und erwartet den Canossagang Müllers. Der betritt den Raum und spricht: „Herr Maier, Sie sind ein ehrlicher Mensch? Entschuldigen Sie!"

Allerdings können Sie die Umkehrung des Bedeutungsgehaltes nur begreifen, wenn Sie imstande sind, Fragezeichen und Ausrufungszeichen in den Ihnen bekannten Tonfall einer solchen Bedeutungsumkehrung umzusetzen. Taubstumme hätten hier kaum eine Chance.

Die Sprache kann nach folgenden Gesichtspunkten beurteilt werden:

1. Formale Richtigkeit (Syntaktik), d. h.: Regelhaftigkeit und Ordnung von Zeichen und Zeichenverbindungen.

2. Inhaltliche Stimmigkeit (Semantik), d. h.: Übereinstimmung zwischen dem, was man sagt, und dem, was man meint, sowie zwischen dem, was der „Sender" meint und was der „Empfänger" versteht.

3. Bedeutungsgehalt (Pragmatik), d. h.: Laut- und Klangbilder in ihrer Bedeutung für den Sender und den Empfänger. Der pragmatische Inhalt stellt die eigentliche Bedeutung des Gesprochenen für alle Beteiligten dar; seine Objektivierung ist besonders schwierig, weil in der Sprache immer auch Empfindungen und wertende Urteile mit eingeschlossen sind.

4. Sprechverlauf, der sowohl Artikulationssicherheit als auch rhythmischen Redefluß voraussetzt. Fehler in einem dieser Bereiche (z. B. Stammeln oder Stottern) können den Mitteilungsgehalt der Sprache bis zur Unverständlichkeit beeinträchtigen.

Aber die Sprache ist mehr als nur ein Kommunikationsmittel. „Die uneingeschränkte Verfügungsmöglichkeit der Sprache ermöglicht erst die volle Entfaltung der Person. Die Sprache unterstützt und partizipiert wesentlich an der personalen Entwicklung; umgekehrt spiegelt sich der durch die Sprache vermittelte seelisch-geistige und personale Reifungsfortschritt wiederum in ihr selbst."

▶ | Die Reife des Sprachverständnisses und der sprachlichen Ausdrucksfähigkeit erlaubt in der Regel eine zuverlässige Beurteilung des intellektuellen und des sozialen Entwicklungsstandes, gleichzeitig bietet sie eine gute Grundlage für prognostische (vorausschauende) Aussagen.

Deshalb wird man sowohl der Sprachentwicklung als

auch möglichen Sprach- und Sprechstörungen besondere Aufmerksamkeit widmen müssen.

Zwei experimentell (durch kontrollierte Beobachtung mit anschließender statistischer Sicherung) gewonnene Ergebnisse sollen diese Forderung unterstützen:

In einem Forschungsauftrag konnte in Freiburg nachgewiesen werden, daß die sprachliche Ausdrucksfähigkeit 7 bis 8jähriger Kinder (2. Klasse Grundschule) über ihre Chance, später einmal das Abitur zu machen, zuverlässigere Aussagen erlaubt als die Ergebnisse der gängigen Intelligenztests. Allerdings wurde dabei auch festgestellt, daß die Sprache des gehobenen Mittelstandes die günstigste Voraussetzung für den erfolgreichen Besuch des Gymnasiums darstellt. Kinder aus entlegenen Bauernhöfen mit einem deutlichen regionalen Dialekt brauchen einen bis zu 20 Punkte höheren Intelligenzquotienten als Kinder aus Akademikerfamilien mit gutem Schriftdeutsch, wenn sie gleichwertig die Hochschulreife erlangen wollen. Der regionale Akzent belebt und bereichert die Sprache – er stellt die eigentliche, lebende Sprache dar – Schriftdeutsch mit seinem Durchschnittswortschatz ist der leichtere Zugang zum Aufstieg.

In einem nördlichen Bundesland wurde das Intelligenzniveau der Taubstummen nach zehnjährigem Sonderschulbesuch untersucht. Dabei wurde festgestellt, daß sie wohl wortschatzmäßig festgelegte Lektüren – wie z. B. eine geschichtliche Erzählung oder eine naturwissenschaftliche Abhandlung – ähnlich wie Sprachverständige begreifen konnten, nicht aber Aufsätze in einer Tageszeitung. Dafür hätten sie außer der Wortbedeutung auch den übertragenen Sinn der Worte begreifen müssen. Das Wort „großartig" kann je nach Umständen Hochachtung oder Spott bedeuten. Das kann jedoch offensichtlich nur jemand entscheiden, der imstande ist, beim Lesen den möglichen Tonfall mitzuberücksichtigen, d. h., das Gelesene gleichzeitig als Gehörtes wahrzunehmen.

Das Sprachverständnis entwickelt sich früher als der Sprachgebrauch. Zunächst bauen sich vorsprachliche Verständigungsmöglichkeiten auf: Mimik – Stimmton – Tonfall – Gebärde, dann erst die uns geläufige Sprache. Ein Säugling von 12 Wochen kann bereits Fröhliches und

Klägliches am Tonfall unterscheiden; hört er weinen, weint er selber mit. Voraussetzung dazu ist allerdings, daß er vorher emotionale Zuwendung erfahren hat und somit eine primäre Kontaktbereitschaft aufbauen konnte. Schon in diesem Alter wird die soziale Bedeutung der Sprache deutlich.

Aus Südamerika wird berichtet, daß es dort Indianerstämme gibt, deren Wortschatz nicht mehr als 200 bis 250 Worte umfaßt. Ob das Wort „Pflanze" Gras, Schilf, Busch, Baum, Eßbares oder Giftiges meint, kann erst an der begleitenden Mimik und Gestik erkannt werden. Deshalb verstummen die Menschen mit Einbruch der Dunkelheit und werden erst wieder fröhlich laut, wenn das Lagerfeuer aufflammt: Da sie sich sehen, können sie sich wieder verstehen. Ähnlich geht es allem Anschein nach dem Kleinkind: Für Mimik und Gestik hat es ein natürliches Verständnis, den konventionellen Informationsgehalt der Sprache muß es erst lernen.

Die ersten Sätze werden als „Melodiegestalten" erfaßt. So versteht ein fünf Monate altes Kind, wenn es den deutschen Satz: „Wo ist das Fenster?" begreift, dasselbe gleichwertig auf französisch: „Où est la fenêtre?", weil die Melodiegestalten ähnlich sind; o-i-a-e-e im Deutschen und u-e-a-e-e im Französischen. Aus solchen globalen Lautmassen müssen durch zunehmende Differenzierung die Worte als eigene Begriffe herausgehört werden. Das Problem kennt jeder, der eine Fremdsprache zu erlernen suchte und bei der ersten Begegnung mit Menschen, die diese als Muttersprache beherrschen, unweigerlich den Eindruck hatte: Die reden so fürchterlich schnell! Den Vorwurf machen nicht nur Deutsche den Franzosen, sondern auch Franzosen den Deutschen, wenn sie deutsch lernen.

In Wirklichkeit handelt es sich darum, daß man beim fließenden Sprechen zwischen den einzelnen Worten keine erkennbare Pause macht; nur einer, der die Sprache gut beherrscht, hört die Gliederung der Sätze mühelos heraus. Genau diese Leistung der Durchgliederung der Sprache muß jedes Kind vollbringen, wenn es eine instrumentalisierte (für seine persönlichen und sozialen Bedürfnisse erfolgversprechende) Sprache erlernen soll.

Auf die Echosprache – erste Stufe der im jeweiligen Kulturkreis verständlichen Sprache – folgt die uns allen bekannte Kindersprache. Sie ist häufig drollig, nur der unmittelbaren Umgebung verständlich, manchmal durchsetzt von subjektiven, aber letztlich doch allen verständlichen Wortschöpfungen. So, wenn ein Kind von hoch oben auf dem Schrank einen Krug haben will, nicht auf den richtigen Namen kommt und die Mutter bittet: „Gib mir doch die Wasserschachtel!"

Die Kindersprache hat verschiedene Ursachen:

- Sensorische Fehler; die Wahrnehmung des Kindes ist noch nicht ausreichend differenziert, es kann die gehörte Sprache nicht genügend durchgliedern.
- Motorische Fehler; die Artikulationsfähigkeit des Kindes ist nicht genügend entwickelt.
- Reproduktive Fehler; mangelhafte Erinnerungsfähigkeit, zumal man die Sprache des anderen auch dann verstehen kann, wenn man nicht imstande ist, sie einwandfrei zu reproduzieren. Häufig sind es Flüchtigkeitsfehler, die auch beim Erwachsenen vorkommen, besonders, wenn er eine Fremdsprache spricht. Damit haben wir auch die apperzeptiven (von der Sinnerfassung her begründeten) Fehler angesprochen: sie rühren in der Regel von der mangelhaften Aufmerksamkeit her.

▶ Die Kindersprache sollte bis zum vollendeten fünften Lebensjahr überwunden sein. Danach bedeuten die genannten Merkmale immer deutlicher ein Symptom möglicher Sprachstörung.

Bevor wir jedoch darauf eingehen, wollen wir die soziale Bedeutung der Sprache kurz skizzieren:

- Die Sprache ist ein mehrdimensionales Kommunikationsmittel. Das Kind kann sich mitteilen, Wünsche und Bedürfnisse formulieren, Sachverhalte darstellen,

aber auch sich verstellen, z. B. zum eigenen Schutz
Ausreden erfinden, Sachverhalte nach eigenem Ermes-
sen verändert darstellen, sei es als Märchen oder als
Lügen. Es kann mit Hilfe der Sprache gewünschte soziale Kontakte festigen und unerwünschte abbrechen.
● Die Sprache begleitet das Kind, wenn es im Spiel seine
aktuellen Probleme formuliert und dadurch erst zum
Konfliktbewußtsein und dann zu besseren Konfliktlösungen gelangt.
Gleichzeitig ist die so eingesetzte Sprache eine Art
Vorübung des Denkens, wenn ein Kind z. B. mit Bauklötzen eine Brücke bauen will und halblaut spricht:
„Jetzt brauch' ich noch einen ganz großen Bauklotz ...
wo gibt's denn einen so großen? ... da ist er! Nein, er
ist zu groß, ich muß einen kleineren haben ... der ist zu
klein ... (jetzt reißt der Geduldsfaden) ... Fräulein
Müller! Wo sind die richtigen Bauklötze?!"

Hier ist erkenntnistheoretisch eine Menge passiert: Das
Kind formuliert den Bedarf (ein ganz großer Bauklotz).
Es vermutet, hier müßte so einer sein, weiß aber nicht,
wo? Auf die erste Entdeckerfreude (da ist er!) folgt die
Enttäuschung (er ist zu groß), daraufhin erneute Suche,
die nur scheinbar zum Erfolg führt (der ist zu klein!). Die
wiederholte Enttäuschung kann es nicht mehr ertragen,
aber es weiß, es gibt in der Nähe Hilfe, die man anrufen
kann (Fräulein Müller!).
Bereits mit 4;6 bis 5;0 Jahren können sprachlich gut an-
geleitete Kinder sinnvolle Sachdiskussionen führen und
den eigenen Standpunkt argumentativ vertreten. Das ist
allerdings nur möglich, wenn sowohl die Erzieherin als
auch die Eltern jede Aufgabe, jedes Gebot und Verbot
ebenfalls argumentativ begründen.
Je weniger ein Kind seine eigenen Bedürfnisse sprach-
lich-argumentativ vertreten kann, um so mehr neigt es zu
aggressivem Verhalten. Kann einer nicht (mehr) argu-
mentieren, so schlägt er bald zu – sei es offen, hinter einer
Gruppe verdeckt oder verbal.

7.1 Sprachstörungen, alarmierende Zeichen

Unter *Sprachentwicklungsstörung* versteht man eine dem Umfang und der Form nach nicht altersgemäß entwickelte Sprache. Im Laufe des dritten Lebensjahres sollte das Kind eine allgemein verständliche, von schwerwiegenden Auffälligkeiten freie Sprache erreicht haben.

▶ Voraussetzung einer solchen gesunden Sprachentwicklung ist vor allem das Sprachverständnis. Bevor ein Kind sinnvoll nachsprechen kann, muß es das Gesprochene verstanden haben. Vermindertes Sprachverständnis bei durchschnittlichem Sprachangebot der Umgebung ist in der Regel ein schwerwiegendes Symptom. Ob es auf einen zentralnervösen Schaden, auf verminderte Hörfähigkeit, einen Intelligenzdefekt oder auf einen sozialen Konflikt zurückzuführen ist, kann nur durch sorgfältige fachärztliche, logopädische sowie psychologisch-heilpädagogische Untersuchung geklärt werden. Erst danach kann man nach einem erfolgversprechenden Behandlungsansatz fragen.

Symptome einer möglichen *Sprachstörung:*

● Verringerter Wortschatz
Zu Beginn der Sprachentwicklung bilden die Kinder häufig funktionale Oberbegriffe. Erklärt die Mutter ein Pferd auf der Wiese als „Hü-hott", so kann es passieren, daß das Kind einige Zeit alles, was auf vier Beinen läuft, von der Giraffe im Zoo bis zum Kätzchen der Nachbarin, als „Hü-hott" bezeichnet. Bis Ende des dritten Lebensjahres muß es genauer differenzieren gelernt haben.

● Erschwerte Wortfindung
Erzählt ein drei- bis vierjähriges Kind eine Geschichte, die es besonders bewegt, so wird es manchmal in der Erregung vergeblich nach dem richtigen Wort suchen und es entweder durch ein anderes, weniger geeignetes Wort ersetzen oder seine Verlegenheit mit einem kurzen Lachen oder mit dem Ausruf: „Du weißt es doch!" kompensieren.

Entscheidend ist dabei, daß es bereits in diesem Alter
merkt: Hier hätte ein anderes Wort besser gepaßt!

● Fehlerhafte grammatische Durchgliederung
Die Frage, wann ein Kind anstelle der dritten mit der ersten Person von sich selbst redet, ist nur im sozialen Kontext zu beantworten. Aber es sollte bis zum fünften Lebensjahr aus der Sprache der Umgebung die richtige Satz-
stellung und die richtige grammatische (sowie syntakti-
sche) Zuordnung nach Personen, Zeiten und Objektbe-
ziehungen herausgehört und sicher zur Anwendung gebracht haben. („*Ich wollte den* Tisch abräumen, aber der
Peter hat noch *am* Tisch gegessen.")
    Der Maßstab des gelungenen Lernprozesses ist in die-
sem Bereich die Sprache der Umgebung. Weicht diese von
der allgemeinverständlichen Sprache ab, erwächst dem
Kindergarten eine neue, im Interesse des späteren schulischen Erfolges entscheidende Aufgabe: Er muß dem Kind
die von seiner Umgebung abweichende, allgemeinver-
ständliche Sprache vermitteln.

● Stammeln
Beim Stammeln (Dyslalie) handelt es sich um den häufigsten Artikulationsfehler: Ein Laut oder eine Lautverbin-
dung wird nicht gebildet, sondern durch einen anderen
Laut ersetzt: „Tatao" statt „Kakao". In der Fachsprache
werden die gestammelten Laute durch Anhängen der Silben -tismus oder -zismus an den entsprechenden griechi-
schen Buchstaben bezeichnet: So z. B. heißen die Aus-
sprachefehler des S-Lautes Sigmatismus, des G-Lautes
Gammazismus, usw.
Im Laufe der Spracherlernung kann es Phasen altersbe-
dingten Stammelns geben, die jedoch bis zum 5. Lebensjahr abgeschlossen sein sollten. Danach muß Stammeln
als pathologisch betrachtet werden, d. h., es hat Krankheitswert.

Nach WESTRICH ziehen Sprachstörungen in der Regel
folgende Beeinträchtigungen im geistig-seelischen und
sozialen Bereich nach sich: Herabsetzung der intellektuel-

len Leistungsfähigkeit, mangelhaftes Selbstwertgefühl, Aggression oder Regression (Rückschritt auf eine frühere Entwicklungsstufe, teilweise infantiles Verhalten), Unsicherheit in der Beurteilung sozialer Situationen, starke Ichbezogenheit, labile Affektlage (dadurch für die anderen unberechenbar) und herabgesetzte soziale Integrationsfähigkeit.

▶ Symptome der Sprachentwicklungsstörung und der Sprachstörung sind immer alarmierende Zeichen, zumal sie die Gesamtentwicklung des Kindes wesentlich und dauerhaft beeinträchtigen können. Die Diagnose kann nur ein Team unter Führung des Facharztes für Hals-, Nasen- und Ohrenheilkunde erstellen, er wird auch die Behandlung durch den Logopäden veranlassen müssen. Die Erzieherin hat die Pflicht, die Eltern auf die Symptome und deren Bedeutung aufmerksam zu machen und ihnen zur Einleitung der richtigen diagnostischen und therapeutischen Bemühungen zu raten.

Von der häuslichen Hilfe mit gutgemeinten Ratschlägen und Bemühungen – soweit sie über das Angebot einer gut verständlichen, korrekten und reichhaltigen Sprache hinausgehen – ist abzuraten, weil der sprachlich Nichtbehinderte den Sprachgestörten in der Regel gar nicht begreift. Der Stammler hört sein „T" als „K" und empfindet jede vorwurfsvolle Verbesserung als gegen ihn gerichtetes Unrecht. Andererseits können die Eltern die Geduld verlieren und in der scheinbaren Unbelehrbarkeit des Kindes immer mehr bewußte Bosheit erblicken.

 Eines Tages kam eine offensichtlich verzweifelte Mutter mit ihrem siebenjährigen Sohn in die Sprechstunde: „Hören Sie sich das mal an! Der spricht wie ein Ausländer! Ich habe nie mit Ausländern was gehabt!" Es handelte sich um einen Jungen mit ausgeprägtem Agrammatismus, Johannes hieß er. Er sprach auf den Psychologen ein: „Johannes nicht wollen kommen! Mutter wollen! Die immer wol-

len!" und streckte gegen die Mutter aus der schützenden Nähe des Psychologen die Zunge heraus.

Die Sprachstörung hat hier bereits zu einer erheblichen Störung des Mutter-Kind-Bezuges geführt. Wer weiß, welche Vorwürfe des Ehepartners, Verdächtigungen der Umgebung und welche verzweifelten vergeblichen Versuche der Hilfe vorausgegangen sind. Rechtzeitige fachgerechte Hilfe hätte in Verbindung mit einer vernünftigen Elternberatung sowohl den Eltern als auch dem Jungen viele qualvolle Stunden ersparen können.

7.2 Stottern, die häufigste Sprechstörung

Unter Sprechstörung verstehen wir eine Störung des Redeflusses. Die häufigste und beschwerlichste Form ist ohne Zweifel das Stottern. Aber nicht die einzige; auch das Poltern gehört dazu.

Jedem kann es passieren, daß er sich in der Erregung beim Sprechen verhaspelt. Kindern mit 4 bis 5 Jahren passiert es am häufigsten (alters- bzw. entwicklungsbedingtes Poltern). Geschieht dies regelmäßig (chronisch) ohne erkennbaren Grund für eine besondere Erregung, so spricht man vom pathologischen **Poltern,** d. h. Poltern mit Krankheitswert.

Für die Entstehung gibt es verschiedene Theorien, wir wollen hier die zwei bekanntesten anführen:

HEESE meint, die Sprache sei verständlich, wenn der Redefluß *inhaltlich* und *formal* geordnet abläuft, d. h.:

- syntaktisch geordnet (Zeichen und Zeichenverbindungen regelhaft),
- semantisch stimmig (Übereinstimmung von Absicht und Mitteilung),
- themengegliedert (semantische Stimmigkeit bezogen auf eine größere Einheit – Darstellung eines komplizierten Sachverhaltens, Anweisung für mehrere vergleichbare Situationen, Beschreibung von allgemeingültigen Verhaltensstrukturen – gleich: Diktion),

- in gleichmäßigem Rhythmus (dadurch soll der Redefluß hinter der inhaltlichen Mitteilung gleichsam verschwinden, unbeobachtet bleiben).

Das ist nur möglich, wenn Denken und Sprechen inhaltlich und zeitlich übereinstimmen. Gerade daran mangelt es nach HEESE bei den Polterern: Denken und Sprechen sind bei ihnen nicht synchron (zeitverbunden). Dabei bleibt es zunächst gleichgültig, ob die fehlende Synchronisation auf eine in der Person oder in der sozialen Umgebung begründete Unstimmigkeit zwischen Denkinhalten bzw. Denkablauf und Mitteilungsfähigkeit bzw. Mitteilungsbereitschaft zurückgeführt werden muß.

Entsprechend dieser Hypothese (einer begründeten Annahme) muß dann auch die Behandlung an der Denkstruktur und dem Denkablauf ansetzen. Allerdings ist das nur über die Sprache möglich, in der Therapie müssen problemlösende Denkabläufe sprachlich differenziert dargestellt werden.

SEEMAN vermutet die Ursprünge des Polterns in einer allgemeinen Störung der motorischen Reaktionen, speziell bei einer

- interverbalen Akzeleration, d.h. Verkürzung der Pausen zwischen den Worten, sowie einer
- intraverbalen Akzeleration, d.h. Beschleunigung des Redeflusses innerhalb der einzelnen Worte; je länger die Worte, um so deutlicher die Beschleunigung.

Bei einer Untersuchung bezüglich der Geschwindigkeit des Sprechens (N = 104, d.h., die untersuchte Gruppe umfaßte 104 Individuen) fand SEEMAN folgende Werte:

Durchschnitt vor der Pubertät:	300 Silben/Minute
Polterer von 12–16 Jahren:	350–400 Silben/Minute
Polterer über 22 Jahren:	460–470 Silben/Minute

Entsprechend der Hypothese SEEMANS muß die Behandlung im motorischen Bereich ansetzen. Handelt es sich dabei um eine gleichmäßige Dämpfung motorischer Reaktionen, so sind auch medikamentöse Eingriffe, an sich oder als begleitende Maßnahme, durchaus erfolgversprechend. Auch hier ist das Gespräch mit dem Hals-Nasen-Ohren-(HNO-)Arzt unverzichtbar.

Gute Ergebnisse sind bei Polterern mit der Methode der heilpädagogischen Rhythmik erzielt worden. Eine bewußt gewordene und zunehmend beherrschbare allgemeine Motorik hat offensichtlich Auswirkungen auch auf den Sprechablauf.

Ein wesentlich schwierigeres Problem stellt das **Stottern** dar. Etwa 4% der Bevölkerung (d. h.: in der Bundesrepublik über 2 Millionen Menschen, ein Viertel davon Erwachsene), vorwiegend männlichen Geschlechts, sind davon betroffen. Die Angaben über das Verhältnis zwischen männlichen und weiblichen Stotterern schwanken zwischen 10:1 und 2:1; sicher ist es, daß die männliche Bevölkerung stärker betroffen ist. Nach STRUNK beginnt Stottern häufig zwischen dem dritten und fünften Lebensjahr.

Eine wissenschaftlich einwandfreie und allgemein akzeptierte Definition des Stotterns gibt es nicht; wir wollen hier die phänomenologische Definition (d. h. Beschreibung anhand des äußeren Erscheinungsbildes) von TUNNER anführen: „Das Stottern besteht in Unterbrechungen des fließenden Sprechablaufes. Diese treten als Verzögerungen bei der Aussprache einzelner Buchstaben, als Wiederholungen von Wort- und Satzeinheiten oder als Zwischenschiebungen inadäquater Laute auf. Gelegentlich zeigen sich in den Sprechpausen rasch eingeschobene Bewegungen der Zunge, sekundenlang andauerndes Öffnen des Mundes, Zusammenpressen der Lippen oder wiederholtes Aufeinanderschlagen der Zähne. Diese Störungen laufen krampfartig ab. Je nach der Form der Krämpfe bezeichnet man das Stottern als tonische oder klonische Störung."

Beim tonischen Stottern hat der Betroffene Schwierigkeiten, ein Wort bzw. eine Silbe richtig herauszubringen, sein Atem stockt, die Mundpartien scheinen verkrampft, häufig begleitet von inadäquaten Bewegungen, wie mit dem Fuß aufstampfen, mit der flachen Hand auf die Oberschenkel schlagen. Beim klonischen Stottern werden Worte, Silben oder Laute mehrfach wiederholt. Oft findet

man eine Kombination beider Formen: Der Atem stockt,
die Sprechmuskulatur ist verkrampft – löst sich die Ver-
krampfung, so werden Laute oder Silben mehrfach wiederholt. In diesen Fällen spricht man von einem tonisch-
klonischen Stottern.

Trotz vielfältiger Bemühungen kann die Frage nach einer gemeinsamen Ursache des Stotterns auch heute noch
nicht beantwortet werden.

Anfänglich nahm man eine funktionale Störung im Zusammenspiel der verschiedenen Sprechorgane an und sprach dementsprechend von einer „spastischen Koordinationsneurose". Der
Begriff der Spastizität (Störung durch verkrampfte Muskulatur)
und der Neurose (Störung durch eine von der Norm abweichende Erlebnisverarbeitung) blieb bei der Betrachtung des
Stotterns bis heute weitgehend erhalten. Im Laufe der Zeit wandelte sich die Beurteilung des Stotterers meistens entsprechend
den Wandlungen des Neurosebegriffes. HÖPFNER und SEEMAN
vertreten mit vielen weiteren Sprachheilkundlern einen interni-
stisch-psychiatrischen Neurosebegriff und suchen demnach den
Ursprung des Stotterns im Bereich des Zentralnervensystems,
insbesondere bei frühkindlichen Hirnschädigungen. Auch die
Frage nach einer konstitutionellen Bereitschaft wurde immer
wieder aufgeworfen. Obwohl die Zwillingsforschung einige
deutliche Korrelationen (gegenseitige Abhängigkeiten) nachweisen konnte – von 69 untersuchten eineiigen Zwillingspaaren
waren mit einer einzigen Ausnahme entweder beide Zwillinge
Stotterer oder keiner –, fehlt es immer noch an zuverlässigen
Merkmalen für eine angeborene Bereitschaft zum Stottern.

Die psychoanalytische Forschung sieht im Stottern das Symptom einer Verdrängung, die verhaltenstherapeutische das Ergebnis falsch erlernten Verhaltens. Bezüglich der Umweltbedin-
gungen hat LEMERT nachweisen können, daß in hochindustriali-
sierten Gesellschaften das Stottern weniger häufig auftritt als in
niedrig industrialisierten Gebieten, in sozial privilegierten Familien jedoch häufiger als in sozial benachteiligten. (Letzteres darf
darüber nicht hinwegtäuschen, daß Sprach- und Sprechstörungen insgesamt bei Randgruppen wesentlich häufiger auftreten
als im Durchschnitt.) CAROT geht soweit, daß er vermutet, Stottern entstehe zu 80% durch falsche Erziehung, insbes. durch
Mangel an Einfühlungsvermögen für das kindliche Verhalten.

Eine Diskussion darüber, welche der genannten Sichtweisen die richtige – und dementsprechend welche Behandlungsmethode die allein erfolgversprechende – sei, ist weder sinnvoll noch zeitgemäß. Nach dem heutigen Stand
des Wissens bietet je nach Situation und Persönlichkeits-
merkmalen des Stotterers je eine andere Sichtweise die be-
ste Grundlage zum Verständnis des Einzelfalles sowie zur
Entwicklung einer erfolgversprechenden Behandlung.

▶ Einige Hinweise sind jedoch allgemein beachtenswert:

● Betrachtet man Stottern unter dem psychoanalytischen
  Aspekt als ein Symptom der Verdrängung, so handelt
  es sich um eine psychosomatische Störung (körperliches Symptom aufgrund einer seelischen Störung).
  Diese haben die Tendenz, sich zu verselbständigen,
  d. h.: Selbst wenn es gelingt, durch eine psychoanalytische Behandlung die störende seelische Grundlage zu
  beseitigen, kann das Symptom als verselbständigtes,
  eingeschliffenes individuelles Verhalten unverändert
  erhalten bleiben. Also muß das Symptom (Stottern)
  von Anfang an gleichwertig durch sprachheiltherapeu-
  tische Methoden behandelt werden. Das gilt für alle
  Methoden, die sich nicht unmittelbar auch an das
  Symptom wenden.
● Es gibt keine gesicherte Erkenntnis darüber, daß ein
  Stotterer vom Sprachbeginn an gestottert hätte! Selbst
  wenn es eine konstitutionelle Bereitschaft zu Stottern
  geben sollte – sie konnte bis heute nicht nachgewiesen
  werden –, gibt es mit Sicherheit keinen zwingenden
  Zusammenhang zwischen den Sprach- bzw. Sprech-
  fehlern der Vorfahren und dem Stottern eines konkreten Kindes.
● Es gibt kaum einen Stotterer, der immer, d. h. auch
  beim Singen, Schreien, Flüstern, Deklamieren, stottern
  würde. Dies scheint gegen die Annahme zu sprechen,
  daß es ein zentralnervös festgelegtes Muster zum Stottern gäbe. Vielmehr scheint das Stottern eine Störung
  des Sprechablaufs in bestimmten Situationen zu sein.

7.3 Möglichkeiten der Hilfe

Jede sinnvolle Hilfe muß mit einer sorgfältigen Diagnose beginnen. Dazu gehört die möglichst genaue Beschreibung der Symptomatik sowie eine Hypothesenbildung bezüglich der Entstehung der Störung. Dies wird in der Regel von einer besonders ausgebildeten Fachkraft durchgeführt werden müssen.

▶ Unverzichtbare Bestandteile einer umfassenden Diagnose sind außerdem die präzise Darstellung der Situation des Kindes im Kindergarten sowie ein zuverlässiges Bild seines häuslichen Milieus einschließlich seiner besonderen Rolle im Familienverband, insbesondere mögliche Erwartungen, Ängste und Enttäuschungen, die andere Familienmitglieder auf dieses Kind projizieren. Dieser Teil der Diagnose kann nur von der Erzieherin geleistet werden, die das Kind täglich im Kindergarten erlebt und zu den Eltern einen so guten persönlichen Bezug hat, daß diese zu einem vertrauensvollen, ehrlichen Gespräch bereit sind.

Nach heutigem Stand des Wissens stehen folgende methodische Wege zur Verfügung:

1. Behandlung durch einen ausgebildeten Sprachheilpädagogen/Logopäden.
2. Durchführung einer Psychotherapie, im Vorschulalter in der Regel in der Form der Spieltherapie, durch einen entsprechend ausgebildeten Diplompsychologen.
3. Durchführung einer Heilpädagogischen Spieltherapie durch einen entsprechend ausgebildeten Heilpädagogen.
4. Durchführung einer Verhaltenstherapie durch einen entsprechend ausgebildeten Verhaltenstherapeuten.

Die Sprachheiltherapie sollte auf jeden Fall durchgeführt werden; begleitende stützende Maßnahmen durch die Erzieherin im Kindergarten sind unerläßlich.

   Ob außerdem eine Spieltherapie oder Heilpädagogi-

sche Spieltherapie durchgeführt werden soll, ergibt sich
aus den Erkenntnissen, die man bei der Diagnose gewonnen hat: Wie weit ist das Kind durch seine Sprach-/
Sprechstörung bereits im emotionalen und/oder sozialen
Bereich geschädigt?
  Bezüglich der Durchführung der Verhaltenstherapie
muß die Frage etwas anders gestellt werden, weil sie, insbesondere bei Kindern, auch die Sprachheiltherapie ersetzen kann. Allerdings nur, wenn sich das Symptom noch
nicht „zu sehr" verselbständigt hat. Die Kunst, diese un-
scharfe Grenze des „zu sehr" verselbständigten Symptoms
mit verantwortungsbewußter Schärfe zu erkennen, kann
nur durch einschlägige Erfahrung erworben werden.

▶ Die notwendigen Entscheidungen müssen von einem
  Team getroffen werden, dem die Erzieherin, der
  Sprachheilpädagoge, der Diplompsychologe, der Heilpädagoge und die Eltern angehören. Wichtig wäre es,
  daß auch der HNO-Arzt an der Arbeit des Teams aktiv
  teilnimmt; die Erfahrung zeigt aber, daß nur wenige
  die Zeit dafür aufbringen.

Wer jemals den Leidensweg eines sprach-/sprechgestör-
ten Kindes in der Schule miterleben mußte, wird alles
daran setzen, daß ihm mit allen zur Verfügung stehenden
Mitteln vor dem Schuleintritt geholfen wird.

Wofür psychosomatische Störungen unübersehbare Warnzeichen sind

Daß körperliche Krankheitssymptome aufgrund seelischen Leidens entstehen können, entspricht einer uralten Menschheitserfahrung, wenn auch das Seelische oft personifiziert und seine Wirkung z. B. Dämonen zugeschrieben wurde. S. FREUD hat erstmals solche Zusammenhänge anhand konkreter Krankheitsgeschichten unter Zuhilfenahme einer naturwissenschaftlichen Betrachtungsweise analysiert und in ein neues System seelischer Erkrankungen eingeordnet. Inzwischen sind weitere Sichtweisen psychosomatischer Störungen entwickelt worden, so vor allem das lerntheoretische Konzept, das anstelle der psychoanalytischen eine verhaltenstherapeutische Behandlung vorschlägt.

Natürlich gehören manche Formen der soeben beschriebenen Sprach- und Sprechstörungen sowie der Angst und der Aggressivität gleichfalls in die Kategorie psychosomatischer Störungen. Es hat sich jedoch eingebürgert, diese Formen als eigenes Problem zu behandeln. Im folgenden sollen nun demonstrativ (= beispielhaft) zwei häufig im Vorschulalter auftretende psychosomatische Störungen beschrieben werden.

8.1 Einnässen stört immer die Familie, manchmal auch das Kind

Vom Einnässen (Enuresis) kann erst gesprochen werden, wenn ein Kind nach dem vollendeten dritten Lebensjahr regelmäßig das Bett (nachts) oder die Hose (tags) naß macht. Deshalb wird Enuresis heute definiert als ein wiederholtes und nicht bemerktes Harnlassen (Miktion) in einem Alter von mehr als drei Jahren.

Wir wollen zunächst die üblichen Fachausdrücke, wie sie in der Fachliteratur benutzt werden, darstellen. Dabei handelt es sich oft um stillschweigende Übereinkünfte und nicht immer um sachlogischen Sprachgebrauch.

Enuresis = nächtliches Einnässen (= Enuresis nocturna),
Diuresis = Einnässen tagsüber (= Enuresis diurna),
primäre Enuresis = Einnässen von der frühen Kindheit an,
     d. h., es hat nie eine kontrollierte Miktion gegeben
     (= Enuresis persistens),
sekundäre Enuresis = Einnässen, nachdem zuvor eine Zeitlang
     kontrollierte Miktion vorlag (= Enuresis acqui-
     sita),
Enuresis perpetua = tägliches Einnässen.

Nach allgemeiner Übereinkunft gilt das Einnässen als geheilt, wenn es nicht mehr als einmal im Monat vorkommt. Bei Erwachsenen wird man andere Maßstäbe anlegen müssen, da z. B. von einem Ehepartner kaum erwartet werden kann, monatliches Einnässen des anderen zu akzeptieren.

Bevor wir auf die krankhaften (abweichenden) Formen der Miktion eingehen, wollen wir kurz den üblichen Gang der Entwicklung darstellen.

Zunächst einige anatomisch/physiologische Fakten: Der Harn wird von den Nieren, durch peristaltische (= wurmartig fortschreitende) Bewegungen der Harnleiter (Ureter) unterstützt, schubweise in die Blase befördert. Der Rückfluß in die Nieren wird durch eine Art Rückschlagventil (Ureter-Ostien) verhindert; diese werden aktiv, sobald die Harnblase Harndruck signalisiert. Die Harnblase ist ein kugelförmiger Sack aus drei Lagen glatter (willkürlich nicht beeinflußbarer) Muskelfasern. Die innere Schicht verdichtet sich beim Ausgang zur Harnröhre zu einem Muskel-Wulst, dem inneren Schließmuskel. In Fortsetzung nach Außen wird die Harnröhre (Urethra) von quergestreifter (willkürlich beeinflußbarer) Muskulatur umfaßt, welche auch den äußeren Schließmuskel bildet.

Im ersten Lebensjahr wird bei Erreichen einer bestimmten Blasenfüllung (in den ersten Wochen genügen dazu wenige Tropfen Harn) die Kontraktion (Verkürzung, Zusammenziehung) der Blase ausgelöst. Dies bewirkt reflektorisch, also nicht beeinflußbar, die Erschlaffung des inneren Schließmuskels. Der Harnfluß in der Harnröhre regt die Erschlaffung des äußeren Schließmuskels an, es kommt zur Entleerung. Der später so entscheidende „Harndrang" wird vom Säugling offensichtlich nicht erlebt. In dieser Zeit entleert sich die Blase mindestens 20-mal am Tag.

Im zweiten Lebensjahr kann das Kind Harndrang empfinden und die Miktion kurze Zeit aufhalten. Allerdings kann es erst harnlassen, wenn die Blase bis zur Miktionsschwelle (d. h. Signalisieren des Harndrangs) gefüllt ist. Häufig werden die Kinder gerade in dieser Zeit überfordert (möglicherweise auch Grundlagen des späteren Einnässens gelegt), wenn man letzteres übersieht und von ihnen zeitbedingtes Harnlassen, z. B. vor einem Besuch, fordert.

Im dritten und vierten Lebensjahr beginnt die Zeit der zuverlässigen Blasenkontrolle: Das Kind kann Miktionen längere Zeit aufschieben und auch unterbrechen. Die Blasenkapazität ist auf das Doppelte des Zweijährigen gewachsen, die Miktionshäufigkeit auf 6 bis 8mal am Tag gesunken. Schwierigkeiten kann der Vierjährige immer noch haben, wenn von ihm Harnlassen bei nicht voller Blase verlangt wird.

Mit sechs Jahren erreicht das Kind die vollständige Blasenkontrolle: Es kann die Miktion aufhalten und beinahe zu jeder Zeit willkürlich, d. h. weitgehend unabhängig

vom Füllungszustand der Blase, harnlassen. Der Harnfluß in der Harnröhre bewirkt jetzt die Empfindung:
„Harndrang". Das Kind kann die Miktion zurückhalten
und den äußeren Schließmuskel später willkürlich öffnen.
Im Schlafzustand löst der Harndrang den Weckreiz aus,
die Miktion wird zurückgehalten.

▶ Der Enuretiker verhält sich demnach wie ein Säugling:
Bei ihm löst der Harnfluß in der Harnröhre über den
Harndrang weder die Zurückhaltung der Miktion (im
Wachzustand) noch den Weckreiz (im Schlafzustand)
aus, sondern unmittelbar die Öffnung des äußeren
Schließmuskels; daraufhin erfolgt spontane Entlee-
rung.

Woher kommt das? Bei einem geringen Teil der Enuretiker sind organische Ursachen dafür verantwortlich. Deshalb soll jeder einmal (einmal!) von einem Urologen untersucht werden.

Blättert man die einschlägige Literatur durch, gewinnt man
rasch den Eindruck, daß es kaum eine Hypothese gibt, die für
die Genese (Entstehungsgeschichte) der Enuresis noch nicht
herangezogen worden wäre. Die einen vermuten den Ursprung
in der viel zu strengen – andere in der viel zu milden – Sauber-
keitserziehung, möglicherweise liegt es an der gestörten Mutter-Kind-Beziehung; vielleicht auch an der fehlenden Identifi-
kation mit der eigenen Geschlechtsrolle oder an einem gestörten
Bezug mit dem gleichgeschlechtlichen, nach anderen wiederum
mit dem andersgeschlechtlichen Elternteil. Es könnte auch sein,
daß es sich um eine Art Hospitalisationsschaden handelt oder
um allgemeine Sexualprobleme, zumal die Miktionsorgane mit
den Geschlechtsorganen offensichtlich eng verbunden sind.

8.2 Möglichkeiten der Hilfe

Der Ansatz der erfolgversprechenden Hilfe ist abhängig
von der Theorie der Entstehung der Störung. Wir wollen
an dieser Stelle drei Gesichtspunkte darstellen.

1. Die tiefenpsychologische Betrachtungsweise geht davon aus, daß zwischen Enuresis und narzißtischer (= auf die eigene Person bezogener) Sexualität eine enge Beziehung bestehen müsse. Die Enuresis wird der Masturbation gleichgesetzt, insbesondere, wenn Knaben vor der Pubertät oder Mädchen, teils auch nach begonnener Pubertät, durch eigene Manipulation nicht zum Orgasmus kommen. Insoweit könne Enuresis als eine Art Ersatzorgasmus betrachtet werden. Es wird in diesem Zusammenhang immer wieder darauf hingewiesen, daß bei heranwachsenden Jugendlichen die Enuresis aufhöre, wenn sie sich durch Masturbation sexuell befriedigen können; allerdings fehlen für diese Behauptung nachprüfbare Angaben. Auch die Annahme, Jugendliche könnten sich erst im heranwachsenden Alter sexuell befriedigen, widerspricht heutigem Erkenntnisstand.

Kemper hält Enuresis für eine neurotische Fehlentwicklung (= eine erlebnisreaktiv gestörte Entwicklung) mit einem hysterischen Symptom (= eine seelische Störung wird in ein körperliches Symptom verwandelt). Die Enuresis habe eine kompensatorische (= ausgleichende) Funktion:

- Aufgrund einer emotionell gestörten Mutter-Kind-Beziehung weigert sich eine Gruppe von Enuretikern, dem mütterlichen Wunsch nach Reinlichkeit nachzukommen. Eine solche Haltung findet man öfters bei Enuretikern, die noch nie trocken gewesen sind.
- Findet ein Kind kein (subjektiv) ausreichendes Maß an Bestätigung für seine Leistungen (die möglicherweise objektiv in der Tat nicht ausreichend sind), könne im Schlaf das Leistungsstreben in der Enuresis eine „Zerrform der Leistungsmächtigkeit" kompensatorisch erreichen.
- Findet ein Kind bei Tag keine Umwelt, der es sich zärtlich verbunden fühlt, so kann es sich nachts eine solche hingebungswerte Welt aufbauen, die entweder durch den Weckreiz des Harndranges nicht gestört oder so-

gar durch die feuchte Wärme, als Erinnerung an den Mutterschoß, gefördert werden soll.

● Manchmal ist das Einnässen ein aggressiv gefärbter Ruf des enttäuschten Kindes nach der Mutter: ‚Ich schaffe es schon, daß du dich um mich kümmerst!' Dies kann auch Bestrafungstendenzen enthalten, wie der fünfjährige Sohn einer Schwarzwaldbäuerin es demonstrierte: Er ließ es in Anwesenheit der Mutter in der guten Stube laufen und sagte danach mit offensichtlicher Zufriedenheit: „Jetzt kannst du putzen, den Boden und mich!"

Der helfende Ansatz ist hier in der analytischen Behandlung zu suchen. Dem Kind soll geholfen werden, seine eigene Persönlichkeitsstruktur zu ordnen und zu festigen, gleichzeitig einen neuen, bewußten Bezug zur eigenen Familie zu entwickeln. Unverzichtbare Bedingung ist dazu, daß es seine Probleme erkennt und sie im Laufe der Behandlung sachlich einzuordnen, dadurch zu einem Teil auch zu beseitigen lernt.

▶ Im Vorschulalter wird man als geeignetes Therapieverfahren in der Regel die Spieltherapie wählen, die in verschiedenen Formen (analytische, nichtdirektive und heilpädagogische Spieltherapie) zur Verfügung steht.

Die sinnvolle Anwendung der tiefenpsychologischen Betrachtungsweise kann in erster Linie bei den erworbenen Formen des Einnässens (Enuresis acquisita, sekundäre Enuresis) in Erwägung gezogen werden.

2. Die **lerntheoretische** Betrachtungsweise geht davon aus, daß auch das Miktionsverhalten gelernt werden muß, zumindest in der späteren/letzten Phase: Der Harnfluß in der Harnröhre *soll* nicht mehr die Öffnung des äußeren Schließmuskels, sondern den Harndrang bzw. (in der Nacht) den Weckreiz bewirken. Ist dies nicht der Fall, so hat man den Vorgang der richtigen Harnentleerung falsch gelernt.

Beim Enuretiker liegt die Miktionsschwelle unter der Weckschwelle. Bei einem gewissen Druck der Harnblase setzt also Harnlassen ein, bevor noch der Weckreiz einsetzen konnte.

Die verschiedenen Bemühungen der Eltern einnässender Kinder müssen erfolglos bleiben:

- Das *Wecken* der Kinder beim Schlafengehen der Eltern erfolgt zu verschiedenen Zeiten, d. h., auch zu verschiedenen Stadien der Blasenfüllung. Deshalb kann sich die beabsichtigte Konditionierung: „Gefüllte Blase / Harndrang / Weckreiz" nicht einstellen.

- Das *Versagen* von Flüssigkeitsgenuß bewirkt eher Gefühle der Aggressivität auf Grundlage der Verlassenheit („Nicht einmal zu trinken bekommt man etwas, wenn man Durst hat!"). Außerdem ist es beachtenswert, daß unzählige Kinder bis zum Schlafengehen ohne Kontrolle trinken, ohne nachher das Bett naßzumachen.

- Das *Wecken* der Kinder in der Nacht oder in aller Frühe (beim Aufstehen der Eltern) hat eher Strafcharakter. Vielfach konnte beobachtet werden, daß Kinder z. B. um 5.30 Uhr geweckt und auf die Toilette geschickt wurden – häufig mit einer Erfolgskontrolle – und trotzdem nachher vor dem eigentlichen Aufstehen gegen 7.00 Uhr eingenäßt haben.

Deshalb haben die Lerntheoretiker eine andere Hilfe für Enuretiker entwickelt. Dabei handelt es sich zunächst um die Klärung der Bedingungszusammenhänge (wie das beim lerntheoretischen, d. h. verhaltenstherapeutischen Vorgehen immer der Fall ist): Können Situationen beschrieben werden, die ursprünglich das Fehlverhalten ausgelöst haben bzw. es heute noch auslösen oder erhalten? Kommt man dabei zur Einsicht, daß es sich um ein inzwischen eingeschliffenes, von der jeweiligen Situation weitgehend unabhängiges Verhalten – eine Art Gewohnheit – handelt, versucht man mit mechanischen Mitteln einen Lernprozeß in Gang zu setzen.

Zwei durch ein Tuch getrennte Drahtgewebe bilden einen Stromkreis, der immer dann geschlossen wird, wenn das Tuch feucht wird, z. B. durch einige Tropfen Harn. Dadurch wird ein Summton ausgelöst, der den Weckreiz aktiviert und nur durch einen Schlüssel – der je nach Gefahr des unmittelbaren Wiedereinschlafens auch in einem anderen Raum hinterlegt werden kann – unterbrochen werden kann.

Durch diesen Apparat erhofft man sich folgenden Prozeß: Der Summton stellt einen primären Konditionierungsfaktor dar: er stört den Schlaf, soll also vermieden werden. Gelingt es, den Weckreiz vom ersten Harnfluß (= Summton) über den äußeren Schließmuskel auf den Harnfluß in der Harnröhre (vor dem äußeren Schließmuskel) zu verlagern, so wird das Kind rechtzeitig, ohne das unangenehme Geräusch des Summtones, geweckt – und kann gleichzeitig alle negativen Folgen des Einnässens beseitigen. Damit wäre dann das Problem im wesentlichen gelöst.

Unverzichtbare Bedingung dieses Vorgehens ist die Sicherheit, daß das betroffene Kind mit der Anwendung einverstanden ist, d. h., es empfindet das Einnässen als lästig und ist bereit, davon auch auf Kosten einer zum Teil unangenehmen Behandlung loszukommen.

▶ Das lerntheoretische Konzept wird in erster Linie bei den primären Formen der Enuresis (Enuresis perpetua) zur Anwendung kommen. *tägl. Einnässer.*

3. Für die **medikamentöse** Behandlung der Enuresis steht heute eine ganze Reihe Psychopharmaka (auf den psychischen Zustand wirkende Medikamente), darunter sowohl Psycholeptica (mit dämpfendem Wirkstoff) als auch Psychoanaleptica (mit anregendem Wirkstoff), zur Verfügung.

STEGAT hat anhand von 50 einschlägigen Arbeiten Anwendung und Wirkung des heute wohl bekanntesten Mittels, Tofranil, untersucht. Er berichtet:

Das wissenschaftliche Niveau der Veröffentlichungen ist äußerst verschieden, man findet dabei einfache Erfahrungsberichte ohne jegliche Kontrolle neben komplizierten, placebokontrollierten Doppelblind-Versuchen (Placebo = Scheinmedikament; Placebokontrolle = ein Teil der Versuchspersonen bekommt, ohne es zu wissen, Scheinmedikamente, d. h. harmlose Tabletten ohne Wirkstoff; Doppelblind-Versuch = Weder die Versuchspersonen noch der Versuchsleiter wissen ob und wer Placebotabletten bekommen hat).

Bezüglich der Wirkungsweise von Tofranil wird vermutet, daß die Schlaftiefe gemindert und der Blasentonus herabgesetzt wird, d. h., die Blase kann sich ohne spürbaren Druck mehr als üblich ausdehnen. Ursprünglich handelt es sich um ein Antidepressivum (Medikament zur Behandlung von depressiven Verstimmungszuständen). Bei der Anwendung des Medikaments bei einnässenden Depressiven fiel auf, daß diese nicht mehr einnäßten, manche sogar bei erhöhter Dosis über Miktionsschwierigkeiten klagten. Deshalb wurde in der Folge Tofranil auch bei nicht depressiven Enuretikern angewandt.

Den genannten Arbeiten können folgende Erfahrungen entnommen werden:

- Während der Einnahme geht die Häufigkeit des Einnässens signifikant (= in einem Maße, das durch Zufall nicht mehr erklärt werden kann) zurück. Eine Ausnahme bildeten in mehreren Versuchen entwicklungsgestörte und verhaltensgestörte Kinder sowie Kinder aus enuretisch belasteten Familien.

- In der Mehrzahl der Fälle ließ die Wirkung nach Absetzen des Medikamentes nach; nur in seltenen leichten Fällen – insbesondere, wenn das Kind von der Enuresis selbst befreit werden wollte – gab es dauerhafte Heilungen.

- Immer wieder wurde von Nebenwirkungen berichtet, vor allem bei längerer Anwendung: Benommenheit, Unruhe, Halluzinationen, Herzbeschwerden.

Allerdings können diese Ergebnisse nur im Sinne von begründeten Vermutungen akzeptiert werden, eben wegen der nicht ganz klaren experimentellen Bedingungen.

8.3 Daumenlutschen, Nägelkauen, Haarausreißen

Bereits DÜHRSSEN vermerkt, daß Kinder, bei denen das relativ seltene Symptom des Haarausreißens (Trichotillomanie) beobachtet wurde, in der Regel auch Daumen gelutscht und Nägel gekaut haben. Bei diesen drei Erscheinungsformen psychosomatischer Störung muß es also eine Verbindung geben.

Daumenlutschen ist dabei jenes Symptom, das am häufigsten nach kurzem Auftreten im frühkindlichen Alter spontan verschwindet. Daumenlutschen hat offensichtlich eine beruhigende, damit eine der Angst entgegengesetzte, mit ihr unverträgliche Wirkung. Auch in der Tierwelt kann es oft beobachtet werden: So lutschen kleine Hunde oft ohne ersichtlichen Grund an den Pfoten. Anthropoiden (Menschenaffen) reagieren differenzierter: Ihre Jungen lutschen Daumen in der Regel nach einer Frustration, z. B. nach dem Tod oder der Entfernung der Mutter.

Auch beim Kind wird das Daumenlutschen, soweit es sich dabei nicht um ein spontanes, vorübergehendes Phänomen handelt, durch Mangelzustände provoziert, am häufigsten wohl durch fehlende Zärtlichkeit.

▶ Bei dieser Gelegenheit muß darauf hingewiesen werden, daß der vom Kind subjektiv empfundene Mangel an empfangener Zärtlichkeit keineswegs automatisch das Versagen der Mutter beinhaltet. Vielmehr gibt es Kinder, denen die Zärtlichkeit, die ihnen im heute vorhandenen Sozialverband gewährt werden kann – und üblicherweise in einer intakten Familie auch gewährt wird –, nicht ausreicht. Es wäre also verhängnisvoll einseitig, nach Erkennen des Symptoms allein in Erziehungsfehlern den Ursprung und in deren Beseitigung die Heilung des Fehlverhaltens zu suchen. Vielmehr müssen mögliche, vom Durchschnitt abweichende Eigenheiten des Kindes gleichwertig berücksichtigt und in die Überlegungen mit einbezogen werden.

Daumenlutschen – bis zu einem gewissen Grad auch Nägelkauen und Haarausreißen – kann auch als *Übersprungs-handlung* verstanden werden. Der Begriff stammt aus der (tierischen) Verhaltensforschung und bezeichnet folgenden Vorgang: Wird ein Tier im Zustand höchster Erregung daran gehindert, den Weg der angemessenen motorischen Entladung zu beschreiten, so entlädt sich die emotionale Ladung in einer scheinbar sinnlosen Instinkthandlung, die mit der gegebenen Situation nichts zu tun hat.

Beispiel: Kann ein Hahn in Kampfesstimmung seinen Gegner nicht mehr angreifen, weil er ihn als mindestens gleich stark erfahren hat, so beginnt er in der Erregung nach Körnern zu pikken, die es dort gar nicht gibt.

Wird einem Kind eine peinliche Frage gestellt, die es nicht gerne beantworten will, von einer Person, der es die Antwort nicht gut offen verweigern kann (Mutter: „Hast du auch richtig die Zähne geputzt?" – Das Kind hat sie nicht geputzt, will es aber weder zugeben noch abstreiten, schweigen kann es auch kaum), so kann der Daumen gleichsam unbewußt in den Mund rutschen.

Diese keineswegs optimale Art der Konfliktverarbeitung bleibt auch im Erwachsenenalter bei manchen Menschen erhalten, wenn auch mit veränderten äußeren Symptomen. Stellt der Vorgesetzte eine Frage, die der Untergebene weder beantworten will noch ohne Nachteile zurückweisen kann, so kann er sich zunächst – anstelle des Daumens – eine Zigarette in den Mund stecken.

Auch Nägelkauen wird bei Tieren beobachtet. Am bekanntesten ist dabei das „Krippensetzen" der Pferde: Werden sie im Winter zu lange im Stall gehalten und dadurch an der ihnen eigentümlichen Bewegung gehindert, so beginnen sie an den Rändern der Futterkrippe herumzubeißen.

Nach den vorliegenden Beobachtungen führt bei Kindern die „gekoppelte Verdrängung von oralen und aggressiven Impulsen" am häufigsten zum Nägelkauen.

Offensichtlich handelt es sich beim Nägelkauen symptomatisch um autoaggressives (gegen die eigene Person

gerichtetes aggressives) Verhalten. Das jedoch kommt in
der Tat zustande, wenn man an der nach außen gerichteten Aggressivität gehindert wird, sei es durch drohende
Aggressivität von außen oder durch Einsicht in die eigene
Unfähigkeit, eine geforderte Leistung zu erbringen.

Um Mißverständnisse zu vermeiden, müssen einige der
soeben genannten Begriffe näher erläutert werden.

„Aggressivität" wird hier im weitesten Sinne des Wortes
als bewußte Veränderung von Sachzusammenhängen und
sozialen Situationen verstanden, auch wenn nicht im üblichen Sinne des Wortes Gewalt angewendet wird (vgl.
dazu die engere Begriffsverwendung in Kap. 5). Insoweit
ist sowohl das Einschlagen eines Nagels in die Wand als
auch die Veränderung einer Gruppenstruktur durch
Überzeugung (z. B. durch Änderung der Zielsetzung)
eine aggressive Handlung, selbst wenn sie die frühere Situation verbessert (an der Wand hängt nunmehr ein schö-
nes Bild, die Gruppe wendet sich einem echten sozialen
Problem zu).

Das autoaggressive Verhalten kann sowohl durch die
subjektiv erlebte Gefahr einer drohenden Aggressivität
(„Wird Vater schimpfen, wenn ich einen Nagel in die
Wand schlage?") als auch durch die subjektiv empfundene
Unfähigkeit, Sachzusammenhänge oder soziale Situatio-
nen zu verändern („Ich kann doch keinen Nagel in die
Wand schlagen". „Die werden mich doch nur auslachen,
wenn ich ihnen in der Gruppe einen Vorschlag mache")
ausgelöst werden, unabhängig davon, ob der subjektiven
Empfindung ein objektiver Tatbestand entspricht.

Die „Schuld" am Fehlverhalten des Kindes darf also
nicht voreilig den Eltern oder deren Erziehungsstil zuge-
schoben, vielmehr muß auch die Eigenart des Kindes berücksichtigt werden. Ein Kind kann im Leistungsbereich
überfordert sein, weil die Eltern von ihm Leistungen erwarten, die es nicht zu erbringen imstande ist oder, weil es
sich Leistungen nicht zutraut, die es an sich ohne Schwierigkeiten erbringen könnte. Im einen Fall wird man bei

der Hilfe schwerpunktmäßig die Erwartungen der Eltern den Möglichkeiten des Kindes angleichen, im anderen Fall die Ängste des Kindes vor dem Versagen beheben wollen.

Das Haarausreißen ist in ähnlicher Weise eine gegen den eigenen Körper, damit auch gegen die eigene Person gerichtete Handlung, welche in der Regel die Angst verrät, einer Forderung, die von anderen oder von sich selbst erhoben wird bzw. erhoben werden könnte, nicht gerecht zu werden.

 Michael, 7 Jahre alt, hatte keine Freunde. Er bekam mit Gleichaltrigen keinen Kontakt. Immer meinte er, sie mögen ihn nicht, sie wollen mit ihm nicht spielen, sie lachen ihn aus. Auch in der ersten Klasse wollte es trotz offensichtlich guter intellektueller Leistungsfähigkeit nicht klappen. Er meldete sich nicht, antwortete nur zögernd auf die Fragen des Lehrers, weil er immer Angst hatte, die anderen Kinder würden ihn auslachen. Die Nägel hat er sich an acht Fingern bis zum Fleisch abgekaut, begegnete er einem Fremden, versteckte er die Hände in den Hosentaschen.

Die heilpädagogische Spieltherapie brachte relativ schnell gute Erfolge. Nach ca. acht Monaten wurde er darauf vorbereitet, daß nach weiteren zwei Monaten die Therapie aufhören könnte, weil er sie nicht mehr brauche. Er war offensichtlich froh darüber, besonders freute er sich, daß seine Fingernägel so schön gewachsen waren, und natürlich auch auf das versprochene Abschiedsfest. In der Schule wurde er ein guter Schüler. Mit zwei Freunden traf er sich regelmäßig. Am Ende des Sommerhalbjahres wurde Abschied gefeiert, er hatte auch die zwei Freunde dazu eingeladen und die Therapeutin versprechen lassen, daß sie ihn an seinem nächsten Geburtstag besuchen werde.

Als die Therapeutin ihm nach den Ferien begegnete, fand sie ihn halb kahl: Michael hatte sich den halben Kopf kahlgezupft.

Er konnte der sozialen Forderung in der Schule ohne Hilfe der Therapeutin noch nicht gerecht werden, die Spieltherapie wurde zu früh beendet, sie mußte neu begonnen werden.

Methoden, die helfen können

Ist ein Kind verhaltensgestört, muß ihm geholfen werden, seine Störungen zu überwinden. Jeder Erwachsene ist verpflichtet, einem ihm begegnenden Kind im Rahmen seiner Möglichkeiten zu helfen, soweit es der Hilfe bedarf.

▶ Die Erzieherin hat hier eine besondere Verpflichtung, weil sie sich professionell mit dem Kleinkind beschäftigt, das nach unseren heutigen Kenntnis für sein gesamtes späteres Leben äußerst beeinflußbar ist. Sie ist gerade durch ihre berufsbedingte Zuwendung zu den ihr anvertrauten Kindern verpflichtet, auch bei den Methoden der Hilfe professionell zu handeln als gleichwertiges Mitglied im Team aller Helfer.

9.1 Diagnostische Methoden

Eine zuverlässige Diagnose ist die unverzichtbare Grundlage der fachgerechten Hilfe. Hört man das Wort „Diagnose" im sozialpädagogischen oder heilpädagogischen Bereich, denkt man in erster Linie an Testuntersuchungen. Dabei sollte man nicht vergessen: Tests sind nichts anderes als verkürzte Beobachtungsverfahren, d. h., es werden viele vergleichbare Individuen in dieselbe Situation gebracht, und ihre Reaktionen werden statistisch ausgewertet. Ist die Gruppe groß genug, kann man davon ausgehen, daß ihre durchschnittliche Reaktion für eine angemessene Mitgestaltung des Kulturkreises erforderlich ist, das heißt: Individuen, die unter den so ermittelten Normen bleiben, müssen erst dazu befähigt werden, kreative Mitglieder der Gemeinschaft zu werden. Obwohl mit Hilfe von gesicherten Testverfahren in kurzer Zeit zuverlässige Aussagen über das leistungsbezogene oder auch über das soziale Verhalten eines Kindes gemacht werden können, darf man nicht vergessen, daß die zuverlässigste Grundlage für die Beurteilung des Verhaltens nach wie vor die Verhaltensbeobachtung bleibt, für den erfolgversprechenden Ansatz einer Therapie die Verhaltensanalyse.

Verhaltensbeobachtung und Verhaltensanalyse

Für die menschliche Wahrnehmung ist es typisch, viele Messungen ungenau vorzunehmen, wobei die Ungenauigkeit sowohl Unschärfe als auch einseitige Selektion (Auswahl) bedeuten kann.

 In einem Freiburger Kindergarten wurden zwei Kinder, die jeweils aus einer Entfernung von ca. 300 bis 350 m ohne Begleitung auf demselben Weg täglich in den Kindergarten kamen, befragt: Wie findest du den Weg in den Kindergarten?

Das eine Kind sagte: Ich komme immer richtig! Weitere Angaben waren nicht zu erfahren. Das andere hatte deutliche Orientierungspunkte: „Gleich neben uns, hinter dem großen Holztor, ist ein großer Hund. Im alten Haus ist am Fenster manchmal eine Frau, sie hat eine Katze bei sich. Sie hält die Katze fest, damit der Hund sie nicht schnappt. Und unten im Garten ist ein kleiner Hund, der immer bellt."

Beim ersten Kind war der Weg in den Kindergarten offensichtlich automatisiert, einzelne Orientierungspunkte waren deshalb sowohl überflüssig als auch bedeutungslos. Das zweite Kind hatte Angst vor Hunden. Beide mußten eine lebhaft befahrene Straße an einer Fußgängerampel überqueren und kamen unter dem Schwabentor – einem markanten Punkt in Freiburg – durch; beide „wußten" davon nichts.

Verhaltensbeobachtung im Sinne eines diagnostischen Beitrags kann deshalb nicht als zufällige, sondern nur als geplante, systematische Beobachtung verstanden werden. Die „unbeschwerte", „freie" Beobachtung kann jedoch der Sammlung von vorläufigen Daten in großer Breite dienen und so Anhaltspunkte für eine systematische Beobachtung liefern.

Die **systematische Beobachtung** ist ein Meßverfahren, eine Methode der gezielten Datenerhebung. Das Ziel der systematischen Beobachtung ist die Erfassung operational definierter Variablen des Verhaltens. Dieser Satz soll an einem Beispiel verdeutlicht werden.

 Ein Kind zeigt im Kindergarten auffällig aggressives Verhalten. Nun soll durch eine systematische Beobachtung geklärt werden, welche Situationen bei ihm welche aggressiven Verhaltensweisen auslösen. Die „Variablen" (= veränderliche Größen) sind also die jeweils verschiedenen Formen seines aggressiven Verhaltens. Solche Variablen können in zweifacher Weise definiert (zuverlässig beschrieben) werden: entweder phänomenologisch (dem Erscheinungsbild nach) oder operational (anhand des Entstehungsprozesses). Die phänomenologische Beschreibung versucht alles wahrnehmbare (sichtbare, hörbare, usw.) möglichst genau darzustellen. Die operationale Definition will die Variable beschreiben, indem ihre Entstehung möglichst genau dargestellt wird. Am Beispiel weitergeführt bedeutet dies:

Wird das erwähnte Kind aggressiv, nachdem sich die Erzieherin einem anderen Kind liebevoll zugewandt hat, so könnte phänomenologisch beschrieben werden: Sein Gesicht verzieht sich, das Lachen verschwindet, es schaut kurz zur Erzieherin, dann zum „bevorzugten" Kind, rennt zu ihm hin und schlägt auf es ein, bis die Erzieherin es daran hindert.

Die operationale Beschreibung würde früher ansetzen: Während die Erzieherin sich dem anderen Kind zuwendet, schaut es hin, mit den Händen spielt es an den Bauklötzen weiter. Sein

Gesicht zeigt gespannte Aufmerksamkeit. Die Erzieherin hilft dem anderen Kind, eine Brücke zu bauen, indem sie ihm erklärt, welche Bauklötze es am besten dazu verwendet. Das Kind nimmt den richtigen Bauklotz, die Erzieherin ist zufrieden, sie braucht nicht mehr zu helfen. Das Gesicht des „aggressiven" Kindes entspannt sich langsam. Bevor die Erzieherin das andere Kind verläßt, streichelt sie es noch kurz über die Haare. Das „aggressive" Kind läßt die Bauklötze fallen, sein Gesicht verkrampft sich, es wartet, bis die Erzieherin das andere Kind verlassen hat. Es schaut kurz zur Erzieherin, dann zum „bevorzugten" Kind, rennt zu ihm hin und schlägt auf es ein, bis die Erzieherin dazwischenkommt.

▶ Die operationale Definition des Verhaltens ist für einen therapeutischen Ansatz ergiebiger, weil sie nicht allein den Verlauf, sondern auch die Entstehung darstellt. So kann der Ursprung des aggressiven Verhaltens mit größerer Sicherheit erfaßt werden.

Wird die Beobachtung durch die in der Gruppe tätige Erzieherin durchgeführt (in der Regel nur denkbar, wenn sie durch eine zweite Erzieherin in der Gruppe unterstützt wird), spricht man von einer „teilnehmenden Beobachtung", weil sie neben der Beobachtung an den üblichen Tätigkeiten in der Gruppe teilnimmt. Sie hat den Nachteil, daß die Erzieherin durch ihre alltäglichen Aufgaben häufig von der Beobachtung dieses Kindes abgelenkt wird, und den Vorteil, daß sich das Kind nicht beobachtet vorkommt und so wirklich sein alltägliches Verhalten zeigt.

Ideal wäre die Beobachtung durch eine neutrale, unsichtbare Person, z. B. durch eine Videoanlage oder durch eine Einwegscheibe mit Mikrofonen im Raum, ergänzt durch Angaben der in der Gruppe tätigen Erzieherin.

Das gesamte Verhalten eines Kindes zu beobachten und zu erfassen – ohne Protokollierung hat das Beobachten keinen therapeutisch erkennbaren Wert –, ist nicht möglich.

Das ist auch bei der außerordentlich aufwendigen Arbeitsweise der Yale-Universität in den 30er Jahren nicht gelungen: Fünf

Kinder einer Kindergartengruppe wurden von zwei Erzieherinnen betreut und von acht eigens geschulten Soziologen durch Einwegscheiben beobachtet; die Gespräche der Kinder wurden durch eine versteckte Übertragungsanlage den Beobachtern hörbar gemacht. Zwei Psychologen waren mit der Auswertung beschäftigt. Sie haben rasch herausgefunden, daß sie an zwei unüberschreitbare Grenzen stoßen mußten: Entweder fehlte bei der Fülle der vorliegenden Daten der erkennbare Zusammenhang oder überstiegen die Kombinationsmöglichkeiten verschiedener Verhaltensweisen und deren vermutliche Ursprünge das menschliche Fassungsvermögen. Nach der „Datenflut" blieb man in ähnlicher Weise aufs Rätselraten angewiesen, als hätte man zu wenig Daten gehabt.

Deshalb wurden Beobachtungssysteme entwickelt. Im Folgenden sollten die drei bekanntesten kurz beschrieben werden:

- Am einfachsten und deshalb auch zuverlässigsten funktioniert das **Zeichen – System.** Hier wird das Wort „Zeichen" im Sinne vom „Signal" verstanden. Ein bestimmtes, möglichst genau beschriebenes Ereignis – z.B. Anblicken einer anderen Person – ist das Signal zum Registrieren. Das restliche Verhalten ist irrelevant (bedeutungslos). Natürlich können auch mehrere Signale vorgesehen werden, denen verschiedene Codes (Registrierzeichen) zugeordnet werden. Ein erfahrener Beobachter kann bei einer beobachteten Person bis zu 10 Signale in Codes umsetzen. Das größte Problem dabei ist das der kontinuierlichen Aufmerksamkeit, weil zwischendurch immer wieder Pausen auftreten, in denen keines der vereinbarten Signale zu beobachten ist. Das Zeichen-System kann auch in der teilnehmenden Beobachtung angewendet werden, soweit es gelingt, eine Methode der zuverlässigen Registrierung zu erarbeiten.

- Beim **Kategorien-System** wird versucht, im Rahmen eines größeren Verhaltenskomplexes (z.B. die sozialen Interaktionen eines Kindes) einzelne Kategorien (= Grundaussagen) zu bilden (z.B. es wendet sich einem

anderen zu, spricht ihn an, berührt ihn), diese zu registrieren, um so den ursprünglichen Verhaltenskomplex
zu beurteilen. Häufig müssen die Kategorien auch
noch qualitativ beurteilt werden (neutral, aggressiv,
akzeptierend, ablehnend). Das Problem des Beobachters besteht gerade darin, daß er vor jeder Registrierung zwei Urteile fällen muß: In welche Kategorie gehört das Verhalten, und wie muß es qualitativ beurteilt
werden. Das ist nur möglich, wenn sowohl die zu regi-
strierenden Kategorien als auch die Merkmale der qua-
litativen Beurteilung eindeutig festliegen.

● Auch beim **Schätz-Skalen-System** (Rating-Verfahren)
werden vom Beobachter Urteile verlangt: Er soll das
Auftreten und den Ausprägungsgrad einer Eigenschaft
(z. B. aggressives Verhalten – schwach, mittel, stark)
registrieren. In Wirklichkeit schließt auch dies zwei
Urteile ein, weil die Feststellung, es handle sich bei einer Verhaltensweise um aggressives Verhalten, bereits
ein qualitatives Urteil darstellt.

Systematische Beobachtung hat nicht allein den Sinn, Störungen und deren Ursprung möglichst genau zu erfassen,
sondern auch, positive Verhaltensweisen nicht zu überse-
hen. So kann es nötig sein, Eltern, die sich über unerträg-
liche Verhaltensweisen ihres Kindes (z. B. Aggressivität
gegenüber jüngeren Geschwistern) beklagen, zu vermitteln, wie sie günstiges Verhalten (z. B. Hilfsbereitschaft
im Haushalt) erkennen können. Es gibt kein Kind, das
nur negative Verhaltensweisen zeigt, aber es gibt häufig
Erwachsene, die, durch negative Verhaltensweisen verär-
gert, lediglich solche erkennen.

Da die (mittel- bzw. langfristige) Beobachtung die zuverlässigste Datenlieferantin ist, müssen mögliche Fehler-
quellen des Beobachters beachtet werden:

● Selektivität der Wahrnehmung
Niemand kann die gesamte Breite der auf ihn einwirken-
den Reize erfassen, vielmehr trifft man – mehr oder weni-

ger bewußt – eine Auswahl. Diese wird sowohl von den
bisherigen Erfahrungen (Jungen sind schwieriger als
Mädchen / Mädchen sind schwieriger als Jungen) als
auch von der aktuellen beruflichen und persönlichen
Situation des Beobachters mitbestimmt (Erfolgszwang,
weil eine Prüfung noch bevorsteht – Auseinandersetzung
mit der eigenen Familie).

● Wirkung der vorausgegangenen Erfahrung
Hat die Erzieherin früher in einem Kindergarten am
Stadtrand gearbeitet (besondere Probleme der Familien-
struktur, massierte Sprech- bzw. Sprachfehler bei den
Kindern), hat sie eine ganz andere Einstellung zu den auf-
tauchenden Schwierigkeiten als eine Erzieherin, die vorher Kinder des Mittelstandes betreut hat (Leistungspro-
bleme, Zukunftsängste).

● Zentrale Tendenz
Im Bestreben, keinem Unrecht zu tun, tendiert die Erzieherin beim Registrieren der einzelnen Beobachtungen
dazu, mittlere Werte anzugeben. Wird z. B. beim Beobachten verlangt, aggressives Verhalten nach dem Auspra-
gungsgrad zu beurteilen (Schätz-Skalen-System:
schwach, mittel, stark ausgeprägt), so werden um so mehr
Registrierungen beim Merkmal „mittel" vorgenommen, je
mehr die Beobachter die Kinder kennen und ihnen emotional zugewandt sind.

● Soziale Disposition
Je nach Vorbildung und Erfahrung neigen Beobachter zu
Milde, Großzügigkeit oder Strenge. Soziologen sind, im
Bestreben, besonders objektiv zu sein, eher streng, Erzie-
herinnen, im Bestreben, jedem Kind gerecht zu werden,
eher mild und großzügig.

● Verzerrung durch Organisation der Wahrnehmungsin-
halte
Hat man von einem Kind einen ersten „gesicherten" Eindruck, so wird es nicht leicht möglich sein, Beobachtungen zu registrieren, die diesem Eindruck widersprechen

(die Amerikaner nennen es „Halo-Effekt", d. h. „Heili-
genschein-Effekt"). Aber auch eine eigene Persönlichkeitstheorie kann die Beobachtungen verzerren: Glaubt
man an vererbte, unveränderliche Eigenschaften, so wird
man das Tun eines Kindes anders beurteilen, als würde
man grundsätzlich an den Erwerb von Eigenschaften
glauben.

Die bei der Verhaltensbeobachtung gewonnenen Daten
müssen im Interesse einer späteren, begründeten Therapie
in eine **Verhaltensanalyse** einbezogen und dort ausgewertet werden. Unter Verhaltensanalyse versteht man dementsprechend die diagnostische Auswertung der bei der
Verhaltensbeobachtung gewonnenen Daten.

KANFER und SASLOW bieten eine vereinfachte, kodifi-
zierte Form der Verhaltensgleichung als Grundlage der
Verhaltensanalyse:

R (Reaktion)   Verhaltensweise auf motorischer,
verbaler, kognitiver (erkenntnis-
mäßiger) oder physiologischer
Ebene, die in dieser Weise festgestellt werden kann.

S (Stimulus = Reiz)   Reize, welche die obengenannte
Verhaltensweise auslösen.

O (Organismus)   Biologische Ausstattung des Individuums, wie Lernkapazität, Er-
müdung, Interesse.

K (Konsequenz)   Folgen, d. h. Verstärkung (Belohnung) oder Bestrafung bzw. neu-
trales Akzeptieren der genannten
Verhaltensweise (R).

KV (Kontingenz-
verhältnis)   Das Verhältnis zwischen Verhaltensweise (R) und Verstär-
kung(spläne) ergibt das KV. Gerade diese Größe ist für die Therapieplanung von besonderer Bedeutung.

In diesem Zusammenhang ist R eine abhängige Variable
(sie wird durch die übrigen Variablen bestimmt), S, O, K
und KV dagegen unabhängige Variablen. Diese müssen
also im Verlauf einer möglichen Therapie so korrigiert
(d. h.: Reizverhältnisse, individuelle Bedingungen, Folgen
des Verhaltens und dessen Verstärker so verändert) werden, daß sie notwendigerweise zur erwünschten R führen.

Grundlage der Verhaltensanalyse bilden drei (für eine
eventuelle Therapie) entscheidende Fragen:

1. Welche untersuchten Verhaltensweisen bedürfen einer
   Veränderung in der Häufigkeit des Auftretens, in der
   Intensität oder in der Dauer unter dem Gesichtspunkt
   sozial sanktionierter Bedingungen?
2. Unter welchen Bedingungen wurden diese Verhaltensweisen erworben und welche Konsequenzen halten sie
   augenblicklich aufrecht?
3. Welche praktischen Maßnahmen könnten die zur Änderung der störenden Verhaltensweisen erforderlichen
   Wirkungen erzielen:
   – Änderungen der Reizbedingungen (z. B. durch Um-
     weltänderung)
   – Änderungen der Organismusbedingungen (z. B.
     durch Festigung von Persönlichkeitsvariablen)
   – Änderungen der Konsequenzen von gewünschten
     bzw. unerwünschten Verhaltensweisen?

Die verhaltensanalytische Diagnostik hat der herkömmlichen Diagnostik gegenüber den Vorteil, daß sie unmittelbar Hinweise für eine praktische Therapieplanung liefert.

Anamnese

Die Anamnese (= Rückerinnerung, Krankheitsgeschichte) dient der Erfassung der Lebensgeschichte –
gleichzeitig als Bedingungsgeschichte der vorhandenen
Störung – des Klienten, in unserem Fall des Kindes. Sie
umfaßt objektivierbare Daten (Personalien, Schulbesuch,

Berufsausbildung bzw. Berufswünsche, Umzüge, Änderungen der sozialen Umgebung) und subjektive Bedingungen (Erlebnisweisen, Handlungsmotive, Vorlieben, Abneigungen).

Von verschiedenen Autoren werden folgende Ordnungsgesichtspunkte vorgeschlagen:

- Chronologische Einteilung (Darstellung des Lebensverlaufs von der Geburt bis zum Zeitpunkt der Anamnese),
- Thematische Gliederung (soziale Entwicklung, Spielverhalten, Ängste, Interessen, Weltanschauung, Neigungen, Berufsorientierung),
- Situationsdifferenzierung (Familiensituation, Persönlichkeitsentwicklung, aktuelle Situation),
- Genetisch-dynamische Antriebsstrukturen (Besitz-, Geltungs-, Aggressions- und Zärtlichkeitsstreben).

Zweckmäßigerweise wird man individuelle Anamnesenschemata im Hinblick auf die jeweilige Aufgabenstellung entwickeln.

Ist der Klient nicht imstande, über seine persönliche Entwicklung zuverlässige Aussagen zu machen – bei Kindern wird das in der Regel der Fall sein –, so muß eine **Fremdanamnese** durchgeführt werden, d. h., eine dritte Person, meistens die Mutter oder der Vater bzw. die Erzieherin geben Auskunft über die Biographie des Kindes. Am günstigsten wird die Anamnese durch eine Vertrauensperson durchgeführt, z. B. durch die Erzieherin, weil so am sichersten Hemmungen abgebaut werden können.

Trotzdem muß sich die Erzieherin bei der Anamneseerhebung der Besonderheit der Situation bewußt bleiben. Die Eltern kommen als Hilfesuchende zur Helferin. Keiner Mutter und schon keinem Vater fällt es leicht, zuzugeben, daß sie beim eigenen Kind am Ende ihrer erzieherischen Weisheit angelangt sind und nunmehr bei einer – in der Regel jüngeren, vielleicht auch unverheirateten und

kinderlosen – Erzieherin Rat suchen müssen. Die Eltern
sind gleichsam ohne Haut; jede unvorsichtige Berührung
kann ihnen wehtun und sie zu aggressivem Verhalten verleiten.

▶ Es entsteht das „sozialpädagogische Gefälle": Hier die
mächtige Erzieherin, dort die ohnmächtigen Eltern.
Daraus ergeben sich für die Erzieherin wichtige Anhaltspunkte des richtigen Verhaltens:

● Eltern, die sich ohnmächtig erleben, laufen Gefahr, aggressiv zu reagieren. Die erforderliche vertrauensvolle
Situation muß in der Regel bewußt aufgebaut werden,
und zwar durch ehrliches Verständnis für die Probleme der Eltern und durch Vermeidung eigenen aggressiven Verhaltens, selbst wenn sie provoziert wird.

● Die vermutete Macht der Helferin darf nicht ausge-
nützt werden, etwa indem von den Eltern „Geständ-
nisse" eigenen Versagens verlangt werden. Andererseits dürfen auch die Erwartungen der Eltern („sie
wird uns sicher helfen können") nicht enttäuscht werden, indem man von vornherein die eigene Ohnmacht
betont oder – um zu helfen – Beispiele eigenen Versagens liefert.

● Die meisten Menschen können nicht frei reden, wenn
sie sehen, daß ihre Aussagen sofort protokolliert werden; sie sind in der Regel auch nicht imstande, sich an
ein System zu halten – z. B. streng chronologisch zu
berichten –, da sie emotional von ihren aktuellen Problemen überflutet werden.

Andererseits kann es gar keinen Zweifel geben, daß die
erhobene Anamnese systematisch protokolliert werden
muß. Welcher Ausweg bietet sich hier an?

▶ Die Erzieherin kann ein Anamneseschema vor sich liegen haben und den Eltern erklären, sie müsse ab und
zu mal darauf schauen, um sicher zu sein, daß sie keine
wichtige Frage vergessen hat. Dann protokolliert sie
die Personalien (Name, Geburtstag des Kindes, der El-

tern, der Geschwister, Anschrift) und läßt die Eltern möglichst frei berichten, schaut zwischendurch auf das Anamneseschema und achtet darauf, daß sie zu allen dort formulierten Fragen die notwendigen Daten erhält (wenn auch in gleich welcher Reihenfolge). Ist die Anamnese abgeschlossen, setzt sich die Erzieherin hin und protokolliert unter Zuhilfenahme des Anamneseschemas aus der unmittelbaren Erinnerung den Bericht der Eltern nunmehr systematisch.

Im folgenden soll ein Anamnesenschema angeboten werden, das natürlich je nach konkreten Erfordernissen abgewandelt oder auch in der aktuellen Situation korrigiert werden kann (siehe Seite 113–115).

9.2 Behandlungsmethoden

Erscheint ein Mensch über den Normbereich hinaus aggressiv, depressiv oder gehemmt, muß bei ihm trotz vorhandener Leistungsfähigkeit Leistungsversagen oder eine erhebliche Kontaktstörung festgestellt werden – manches davon in einem Maße, daß es entweder für ihn oder für seine Umgebung unerträglich wird –, so ist er behandlungsbedürftig; er kann sich allein kaum noch helfen, es muß ihm geholfen werden. Wir wissen aus der Erfahrung, daß solchen Schwierigkeiten in der Regel angst- und/oder schuldbesetzte Konflikte zugrunde liegen. Diese lassen sich wiederum auf Störungen des Erlebniszusammenhanges zurückführen.

Das heißt mit anderen Worten: Zwischen Erlebnisinhalten und den dazugehörenden Erlebnisqualitäten besteht kein rechter Zusammenhang. Geringfügige Anlässe, die bei anderen üblicherweise eine ebenfalls geringfügige Reaktion zur Folge hätten, lösen bei den Betroffen extreme Reaktionen aus. Es geht nicht um den jedem bekannten Zustand, daß einen mal auch die Mücke an der Wand ärgern kann, sondern um wiederkehrende, langfri-

(Fortsetzung Seite 116.)

1. Daten zur Person
   Name des Kindes, sein Geburtstag
   Name des Vaters, sein Geburtsjahr
   Name der Mutter, ihr Geburtsjahr
   Namen der Geschwister, ihre Geburtsjahre
   Weitere Bezugspersonen im Haushalt
   Adresse, Telefonnummer

2. Entwicklung des Kindes
   Schwangerschaft (Hoffnungen, Erwartungen, Rolle des Vaters)
   Geburtsverlauf (erste Erfahrungen: Nahrungsaufnahme, ruhiges oder unruhiges Kind, erste Krankheiten, Störungen)
   Krankheiten und Entwicklungsverzögerungen
   Soziale Verhältnisse um diese Zeit: Wohnung – Umgebung – Freunde und Verwandte
   Auffälligkeiten in den ersten Lebensjahren
   Entwicklung
   der Motorik (Sitzen, Stehen, Krabbeln, Laufen)
   der Sprache (Beginn, erstes Wort, Sprach- bzw. Sprechfehler)
   des Spielverhaltens (Funktionsspiel,Rollenspiel, Konstruktionsspiel, Regelspiel – erstes und heutiges beliebtestes Spielzeug)

3. Problemanalyse

   3.1 Beschreibung
   Wann ist das unerwünschte Verhalten erstmals aufgetreten?
   Gab es damals für die Familie oder für das Kind besondere Belastungen (in der sozialen oder familiären Struktur, wie Umzug, Berufswechsel, Eheprobleme, Verlust von Verwandten, Freunden, neue Freunde, Geburt eines Kindes)?
   Wie und wie oft tritt heute das unerwünschte Verhalten auf?
   Möglichst konkrete, typische Beispiele.

3.2 Reizbedingungen

Unter welchen Bedingungen tritt das unerwünschte Verhalten heute auf (zu bestimmten Zeiten, in bestimmten Situationen, in Anwesenheit/Abwesenheit bestimmter Personen, spontan)?

Häufigkeit, Dauer und Intensität

Unter welchen Bedingungen ist das Verhalten besonders ausgeprägt?

Unter welchen Bedingungen tritt das Verhalten nicht auf?

Was folgt (als Reaktion der Umgebung) auf das Auftreten?

Was folgt auf das Ausbleiben des Verhaltens?

Welche Erziehungsmaßnahmen wurden in eigener Initiative oder auf Anraten von anderen ergriffen, um das unerwünschte Verhalten abzustellen?

3.3 Soziale Beziehungen

Welche Bezugspersonen hat das Kind, und in welcher Reihenfolge würde das Kind diese aufzählen?

Mit wem ist das Kind die meiste Zeit und mit wem besonders gern beisammen?

Gibt es Kontaktpersonen, die das Kind nicht mag?

Welche Personen erziehen das Kind, und wer kann sein Verhalten am besten beeinflussen?

Welche Freunde hat das Kind außerhalb der Familie, und wie kann es mit denen Kontakt aufnehmen?

Von welchen Kindern erzählt es am häufigsten aus der Kindergartengruppe?

3.4 Motivationen
Wodurch kann das Kind am leichtesten motiviert werden (Situationen, Leistungen, Personen, Belohnungen)?
Welche besonderen Vorlieben und Abneigungen hat das Kind?
Was hat bzw. macht es besonders gerne?
In welchen Bereichen erhält es (nach Ihrer Meinung) von anderen zu viel bzw. zu wenig Verstärkung?
Ist die Einschätzung des unerwünschten Verhaltens bei den Familienmitgliedern einhellig oder bestehen Unterschiede?
Besteht über die Folgen auf das unerwünschte Verhalten im Familienverband Einigkeit oder gibt es Differenzen?
Fühlt sich ein Familienmitglied durch dieses Kind zurückgesetzt?

4. Therapieplanung
   Leidet das Kind unter dem unerwünschten Verhalten?
   Ist das Kind imstande, das unerwünsche Verhalten zeitweilig zu kontrollieren? Unter welchen Bedingungen?
   Ist das Kind voraussichtlich kooperationsbereit?
   Welche Erwartungen haben die Eltern an die Therapie?
   Welche Befürchtungen haben sie?
   Welche anderen regelmäßigen Beschäftigungen hat das Kind im Laufe der Woche?
   Welche neuen Probleme können durch die Therapie auftreten (neue Bezugsperson, zeitliche Belastung, Verlust von bisherigen Sozialpartnern)?
   Welche Bezugs- bzw. Kontaktpersonen des Kindes können in die Therapie mit einbezogen werden? Sind sie bereit, dafür besondere Leistungen zu erbringen?

Sinnvoll ist es außerdem, die Gesamtsituation bei der Anamneseerhebung kurz zu beschreiben. Wie haben die Eltern gewirkt? Haben sie Schuldgefühle oder Aggressivität gezeigt? Sind sie sich untereinander einig oder versucht einer dem anderen die Schuld am Fehlverhalten des Kindes zuzuschieben? Gibt es eine auffällige Abhängigkeit zwischen ihnen? Versuchen sie das Kind zu entschuldigen oder beschuldigen es?

stige, für den Betrachter nicht mehr begreifliche <u>Mißverhältnisse zwischen Reiz und Reaktion</u>. Am besten läßt sich das an einem Beispiel verdeutlichen:

 Der zehnjährige Klaus kommt strahlend aus der Schule, denn am Nachmittag soll es für die, die beim Schulfest kräftig mitgeholfen haben, eine kurze Wanderung und am Ende im Freien gegrillte Würstchen geben; er freut sich mächtig darauf. Eine Stunde vor dem geplanten Aufbruch beginnt es kräftig zu regnen, eine halbe Stunde vorher kommt ein Telefonanruf: Die Wanderung muß wegen Regen ausfallen, sie wird später nachgeholt.

Jedes Kind würde in einem solchen Fall ärgerlich, würde auch mal losschimpfen, könnte aber nach einiger Zeit durch Angebote der Mutter beruhigt werden. Nicht so unser Klaus! Er wird blaß vor Wut, verliert jede Kontrolle und gibt der Mutter die Schuld, daß „ihm nie was gelingt". Er schluchzt aus Leibeskräften, rennt in sein Zimmer, zerstört eine Menge Spielzeug, beschimpft lauthals die Mutter und ist stundenlang nicht zu beruhigen.

<u>Wiederholen sich solche Situationen, so muß ihm geholfen werden, weil er mit einer so geringen Frustrationstoleranz im Leben nicht zurechtkommt.</u>

Die achtjährige Monika kommt in der Schule nicht zurecht: Sie hat immer Angst, sie würde etwas Falsches sagen, deshalb meldet sie sich nie, ärgert sich allerdings, wenn ein anderes Kind die Antwort gibt, die sie auch gewußt hätte. Wird sie aufgerufen, so flüstert sie, am liebsten ins Ohr der Lehrerin. Dann lachen die Kinder, und sie hat noch mehr Angst, etwas laut zu sagen. Monika läuft Gefahr, <u>trotz guter intellektueller Leistungsfähigkeit in der Schule zu versagen.</u>

Der vierjährige Michael verkündet: „Ich spiele mit euch, aber ich bin der Bestimmer!" Da die anderen Kinder das selten akzeptieren, spielt er häufig allein. Allerdings muß in seiner Nähe jedes Kind achtgeben, wenn es etwas ähnliches spielt. Baut Michael einen Turm, und versucht das ein anderes Kind in seiner Umgebung ebenfalls, so zerstört er dessen Turm in einer Blitzaktion, spätestens, wenn er befürchtet, der andere Turm könnte größer geraten als seiner. Manchmal schreit er bereits im voraus: „Du sollst nicht auch einen Turm bauen, ich mach' ihn kaputt!" Mi-

chael kann die Gefahr nicht ertragen, er könnte einmal zweiter
sein. Damit gefährdet er seine soziale Integration.

Woher kommt eine solche Störung des Erlebniszusammenhanges, die dazu führt, daß ein Mensch das Übliche
nicht mehr erträgt, nicht mehr leistet, nicht mehr bewältigt? Die vielfältigen Gründe können, wenn auch stark
vereinfacht, drei Gruppen zugeordnet werden:

Das Kind (der Erwachsene) konnte keine tragfähige Persönlichkeitsstruktur entwickeln

● weil es ihm an entsprechenden Entwicklungsreizen im
  emotionalen, sozialen und sachlichen Bereich gefehlt
  hat;
● weil es oft Erlebnisse hatte, die es emotional überfordert haben, die es nicht bewältigen konnte;
● weil ihm Haltungen und Fertigkeiten aufgrund einer
  Entwicklungsstörung fehlen.

▶ In der Therapie geht es darum, Art und Ursprung der
  Störung aufzuklären und nach Analyse dieser Kenntnis mit einer Behandlungsmethode dem Kind zu helfen, eine tragfähige Persönlichkeitsstruktur aufzu-
  bauen.

Heilpädagogische Spieltherapie

Um die Jahrhundertwende hat Sigmund FREUD eine Methode entwickelt, um Menschen mit einem gestörten Erlebniszusammenhang über die Festigung der Persönlichkeitsstruktur zu einem gesunden Erlebniszusammenhang
zu verhelfen; er nannte sie: Psychoanalyse. Dabei müssen
die Klienten vorurteilsfrei über ihre aktuellen und auch
über die durch Erinnerung zugänglichen früheren Konflikte dem Therapeuten berichten. Unverzichtbare Voraussetzung ist, daß die Vorurteilsfreiheit sehr ernst genommen wird: Der Klient soll nicht vor der Mitteilung
überlegen, ob der soeben eingefallene Erlebnisinhalt mit
seinen Problemen etwas zu tun hat oder ob es angemes-

sen, bedeutungsvoll oder schicklich ist, die Erinnerung mitzuteilen, sondern spontan reden. Dadurch entsteht zwischen dem Klienten und dem Therapeuten ein Verhältnis, das auf den üblichen Lebensverlauf nicht übertragbar ist. Dort muß man nämlich wohl überlegen, was man seiner Umgebung mitteilt. Aufgrund der möglichst lückenlosen Analyse der Biographie hofft man, Ursprünge und Zusammenhänge der Störung zu erfahren und durch nachträgliche Verarbeitung der seinerzeit unlösbar erlebten Konflikte gleichzeitig die Heilung einzuleiten.

Als FREUD das erste Mal ein Kind zu behandeln hatte, wandelte er die Methode ab: Er sah den „kleinen Hans" während der Therapie nur ein einziges Mal, die Behandlung führte unter Anleitung FREUDS der Vater durch.

Die Methode der Erwachsenenanalyse auf das Kind, insbesondere auf das Vorschulkind, anzuwenden, ist problematisch. Häufig empfindet das Kind durch seine Verhaltensauffälligkeit keinen Leidensdruck – eine weitere unverzichtbare Bedingung der Psychoanalyse –, ist keineswegs bereit, die Therapie als Ausnahmesituation zu begreifen, vielmehr versucht es deren Annehmlichkeiten in den Erziehungsalltag zu übertragen, vor allem aber ist es gar nicht imstande, seine Konflikte sprachlich und das auch noch vorurteilsfrei zu formulieren. Damit schien die Kinderpsychotherapie im klassischen Sinne aussichtslos, man hatte ja mit dem kleinen Klienten keine gemeinsame Kommunikationsebene.

Anna FREUD griff die Vorstellung ihres Vaters von der kathartischen, psychisch reinigenden Wirkung des Spieles auf und erweiterte sie um den Mitteilungswert desselben. So entstand die Grundlage einer Spieltherapie, in der das Spiel des Kindes die Rolle der Sprache des Erwachsenen übernehmen konnte.

Auf dieser Grundlage entstand die analytische Spieltherapie mit ihren neuen Möglichkeiten und neuen Problemen. Lange Zeit wurde darüber diskutiert, ob man den Kindern die Deutung ihrer Probleme zumuten, sie z. B. über ihre ödipalen Probleme restlos aufklären kann. Das

Kind spielte, der Therapeut sprach. War das eine gemeinsame Kommunikationsebene?

ZULLIGER war konsequenter: Er ließ nicht nur das Kind
spielen, sondern spielte auch selbst. Er gab auf die im
Spiel gestellten Fragen des Kindes im Spiel die Antwort.
Ähnlich wie in der Erwachsenentherapie wurde auch in
der Kindertherapie inzwischen eine nicht-direktive Spieltherapie entwickelt. Ihre wichtigsten Vertreter sind Ax-
LINE sowie TAUSCH und TAUSCH.

▶ Die Heilpädagogische Spieltherapie ist eine eklekti-
sche Methode, die Elemente der analytischen und der
nicht-direktiven Therapie, aber auch pädagogische
und lerntheoretische Elemente enthält. Das sind methodische Differenzen, die Zielsetzung bleibt mit den
anderen Spieltherapien gemeinsam.

Die Wiederherstellung des emotionalen Erlebniszusammenhanges soll erfolgen über die

● zunehmende Fähigkeit, die eigenen Gefühle wahrzunehmen, sie zu formulieren, zu akzeptieren, zu kontrollieren und sie in das Gesamtverhalten einzuordnen,
sowie über die

● zunehmende Fähigkeit, Gefühle anderer adaequat
wahrzunehmen, sie zu akzeptieren, sie im eigenen Verhalten zu berücksichtigen und sie angemessen zu beantworten.

Die Heilpädagogische Spieltherapie ist dadurch besonders gekennzeichnet, daß sie sich bewußt im pädagogischen Bereich vollzieht, d. h.:

● der Heilpädagoge bleibt auch während der Spieltherapie seiner pädagogischen Verantwortung voll bewußt,

● der Heilpädagoge bietet in Übereinstimmung mit den
Eltern normative Ansätze an und begründet sie,

● der Heilpädagoge kann, bzw. wenn die Therapie zeitlich begrenzt ist, muß, in Kenntnis der vorhandenen

Verhaltensstörung und ihrer wahrscheinlichen Ursachen im Spiel Zielsetzungen formulieren und für die Verwirklichung
– lenkend in das Spiel eingreifen, sei es durch die gestaltete Umgebung oder durch Spielangebote und
– auch lerntheoretische Ansätze zu Hilfe nehmen.

▶ Der Heilpädagoge soll die Heilpädagogische Spieltherapie als „konzentrierte Erziehung" unter Anwendung der ihm vermittelten erprobten methodischen Ansätze begreifen. Durch seine Haltung und durch die Anwendung heilpädagogischer Methoden wird die Spieltherapie heilpädagogisch.

Die Heilpädagogische Spieltherapie schaft keine Ausnahmesituation, die von der Realität des pädagogischen Alltags her nicht mehr überbrückbar wäre, solange der Dialog zwischen dem Heilpädagogen und den Eltern bzw. der Erzieherin nicht abreißt.

⟶ *Heilpädagogische Übungsbehandlung*

Die Heilpädagogische Übungsbehandlung wurde als eine erprobte Methode der Hilfe ursprünglich für geistig behinderte Kinder entwickelt. Sie zielt grundsätzlich auf die
⟶ Gesamtförderung des Kindes, also auf die Förderung seiner motorischen, sensomotorischen, emotionalen, sozialen und kognitiven Fähigkeiten sowie auf die Befähigung zu neuen, erfolgversprechenden Verhaltensstrategien. Die Förderung erfolgt in der Spielsituation. Das natürliche Spielverhalten des nichtbehinderten Kindes ist Richtschnur für die Durchführung.

Daraus ergeben sich zwei Konsequenzen:

● Grundlage der effektiven Förderung ist Kenntnis des Spielverhaltens des nichtbehinderten Kindes,
● die Förderung des verhaltensgestörten Kindes durch die Heilpädagogische Übungsbehandlung ist angezeigt, wenn bei ihm Teilschwächen festgestellt werden,

d. h. Ausfälle von Fertigkeiten, die altersgemäß vorhanden sein müßten. Dies kann auch eine Folge der Verhaltensstörung sein.

„Spiel ist jede Tätigkeit, die um ihrer selbst willen getan wird und die dem Spielenden Freude bereitet ... Aktivität und Initiative zum Spiel entwickeln sich beim gesunden Kind gleichsam von selbst. Es genügt, ihm dafür Raum, Spielmaterial, Zeit, Ruhe, eine spannungsfreie Atmosphäre und zeitweise die Bereitschaft zum Mitspielen zu gewähren. Das gesunde Kind findet heraus, wie die Gegenstände seiner Umgebung sind und was man mit und aus ihnen durch Beobachtung, Nachahmung und Übung machen kann. Es lernt spielend den Umgang mit den Dingen seiner erreichbaren Umgebung und entwickelt so sein Verhältnis zur Umwelt."

Unter den unzähligen Spieltheorien ist CHATEAUS „jouer, c'est jouir" die geistvollste und BÜHLERS „funktionale Freude" die dauerhafteste: Sie wurde 1924 bereits in 4. Aufl. publiziert und hat bis heute Gültigkeit behalten.

▶ Unter Einbeziehung der im vorigen Abschnitt erwähnten kathartischen Wirkung können wir formulieren: Für das Spiel des Kindes ist es typisch, daß es ihm als Tätigkeit (= Funktion) Freude bereitet, sei es unmittelbar, im Erlebnis (neugewonnener) Funktion oder mittelbar, im Abbau von Konflikten und sozialen Spannungen.
Spiel ist eine Lebensäußerung des Kindes, vergleichbar der Sprache des Erwachsenen. Kann ein Kind nicht altersgerecht spielen, so ist es entweder behindert oder verhaltensgestört, auf jeden Fall bedarf es der Hilfe.

Wir wissen aus der Erfahrung, daß das Spielverhalten des Kindes in einer bestimmten Folge verläuft:

Die **Funktionsspiele** entsprechen der frühkindlichen funktionalen Erfassung der Welt: Das Kind hat Freude an Tätigkeiten und an dadurch (möglicherweise zufällig) verursachten Effekten, ohne Rücksicht auf einen Erfolg oder einen Nutzen. Die Bewegung der eigenen Arme und Beine und die dadurch erzeugte Wirkung, sei es das Lächeln der Mutter oder das Dröhnen der angeschlagenen Schranktür, ergeben den Sinn des Funktionsspieles. Es dient u. a. der Einübung neugewonnener motorischer und sensomotorischer Fertigkeiten.

Die **Rollenspiele** oder Deutungsspiele verlangen bereits die Fähigkeit zu einer Als-ob-Einstellung: Das Kind kann nunmehr die Wirklichkeit „korrigieren". Dies geschieht durch willkürliche Symbolsetzung (Metamorphose: „Ich bin der Wolf!"), durch Verlebendigung (Anthropomorphismus: „Der Teddybär hat Hunger") oder durch Verwandlung von Personen („Ich bin der Lehrer und du mußt...")`, das Rollenspiel im eigentlichen Sinne. In dieser Zeit können Gegenstände neue Funktionen erhalten (Bauklotz als LkW) und die Kreativität des Spieles erheblich bereichern, sowie erstmals Aggressionen sich im Spiel entladen („Die Puppe wollte nicht essen, jetzt haue ich sie!") und Konflikte gelöst werden („Wenn der Teddy krank ist, braucht er nicht zur Tante mitzugehen").

Zu Beginn des Kindergartenalters sollte das Kind die ersten Ansätze des **Konstruktionsspieles** erworben haben. Die Freude am Rollenspiel bleibt auch in dieser Zeit erhalten, aber die Funktionslust weicht zunehmend der Werkreife, das heißt: Die Sachen werden immer weniger unspezifisch (rein funktional) und immer mehr sachgerecht gebraucht. Das Kind entdeckt, daß man kleine Autos besser schieben, Bauklötze leichter aufeinandertürmen, mit dem Hammer eher Nägel einschlagen und mit dem Trommelschlegel wirkungsvoller klopfen kann. Jetzt überdauert das Spiel häufig die vorgegebene Spielzeit: es kann später fortgesetzt werden; erste Formen einer Planung werden sichtbar.

Die **Regelspiele** verlangen nach einer Gruppe, haben Wettbewerbscharakter und sind, wie der Name andeutet, an Regeln gebunden. Sie stellen bereits echte Sozialleistungen dar, sowohl im Sinne der Anpassung als auch im Akzeptieren einer Kollektivleistung (Sieg oder Niederlage). Nicht mehr der einzelne, sondern die Gruppe wird gefeiert. Auch das schwächere Gruppenmitglied hat Anteil am Erfolg; allerdings können auch anonyme Aggressivitäten leichter entladen werden.

▶ Die Heilpädagogische Übungsbehandlung verlangt als diagnostische Grundlage die Darstellung des aktuellen Spielverhaltens des Kindes. Bleibt das Kind insgesamt oder in einzelnen Bereichen hinter dem üblichen Spielverhalten seines Alters zurück, so ist die Übungsbehandlung angezeigt.

Selbstverständlich muß dafür ein Plan entwickelt und im Laufe der Behandlung immer wieder kontrolliert, wenn nötig, korrigiert werden. Der Plan darf aber nicht dazu verleiten, daß aus der Übungsbehandlung eine Art Dressur wird. Sobald das Wesen des Spieles verlassen wurde, ist erneute kritische Reflexion erforderlich. Insoweit verlangt die Durchführung der Übungsbehandlung vom Heilpädagogen ständiges Balancieren zwischen zwei unverzichtbaren Forderungen: Einen sinnvollen Plan konsequent durchzuführen und gleichzeitig die Freude des Kindes am Spiel in der Behandlung zu erhalten.
   In jedem Fall muß das Kind dort abgeholt werden wo es sich befindet: Seine spielerische Freude ist der Ausgangspunkt der erfolgversprechenden Übungsbehandlung.

→ *Heilpädagogische Rhythmik*

Die Heilpädagogische Rhythmik wurde von Mimi SCHEIBLAUER, einer Schülerin des Schweizer Musikpädagogen Emil JACQUES-DALCROZE (1865–1948) begründet. Sie hat keine umfassende Beschreibung ihres Werkes hinterlassen, wohl aber das Buch von NEIKES als Darstellung der Heilpädagogischen Rhythmik in ihrem letzten Lebensjahr 1968 autorisiert.

Ausgehend vom Prinzip Charlotte PFEFFERS: Bewegung ist aller Erziehung Anfang, wandte sich die Heilpädagogische Rhythmik von Anfang an sowohl an Behinderte und Verhaltensgestörte als auch an Nichtbehinderte. SCHEIBLAUER selbst arbeitete vorwiegend mit Sinnesbehinderten – ihr Krippenspiel mit taubstummen Jugendlichen ist weltweit bekannt geworden – und geistig Behinderten, aber auch mit verhaltensgestörten Kindern und Jugendlichen.

Sie unterschied genau zwischen Rhythmus und Takt. Im Takt geschieht in gleichen Zeiträumen immer dasselbe, wie das Marschieren einer militärischen Formation. Es stellt etwas unheimliches, bedrohliches dar, dem man, so scheint es, kaum entkommen kann. Im Rhythmus geschieht in ähnlichen Zeiträumen Vergleichbares, wie der aufmerksame, immer wieder unterbrochene Zick-Zack-Lauf einer Feldmaus oder das majestätische und doch unberechenbare Schreiten des Reihers.

Schon bei der einfachsten Ordnungsübung, beim Umhergehen im freien Raum, wird das System deutlich: Nach kurzer Zeit erleben die Kinder, daß jeder dann die größte Freiheit hat, wenn alle im gleichen Rhythmus durch den Raum gehen und sich nicht anstoßen. Jeder erfährt den ganzen Raum, jeder ist in der Gruppe, aber die Gruppe stört nicht den einzelnen und der einzelne nicht die Gruppe.

Im Gegensatz zum üblichen Weg unserer Erziehung und Schulbildung, vom Benennen („Siehst du, das ist eine Kugel!") über das Erkennen („Such' eine Kugel in der Schachtel!") zum Erleben („Nimm die Kugel in die Hand!") zu gelangen, wählt die Rhythmik den umgekehrten Weg: Erst erleben („Was hast du in der Hand?"), dann erkennen („Such' etwas ähnliches in der Kiste!") und zum Schluß benennen: „Das ist eine Kugel!". Inzwischen wissen wir, daß diese Methode dem Kind angemessen ist, provoziert weniger Widerspruch und kann auch dem weniger Begabten helfen, die notwendigen Kenntnisse zu erwerben.

Im Freiburger Modellkindergarten ist es der Leiterin, einer
Scheiblauer-Schülerin, gelungen, mit Hilfe der Rhythmik allen
Kindern, die die Logischen Blöcke abgelehnt haben, mindestens
dasselbe Niveau der Merkmalanalyse spielerisch zu vermitteln.

▶ „Rhythmus ist eine geordnete Folge von Bewegung und
Ruhe, von Spannung und Entspannung; und zwar notwendig in deren Aufeinanderfolge in ungleichen Werten",
schreibt NEIKES. Man könnte es auch anders formulieren:
Rhythmus ist geplante Lebendigkeit, jedem Kind unmittelbar zugänglich, häufig das günstigste Transportmittel für
weitere Fertigkeiten.

Das gilt auch für Übungen zur Sinneswahrnehmung, Ausdauer,
Sorgfalt und Behutsamkeit. Werden zwei Rundhölzchen senk-
recht aufeinandergestellt und am unteren Hölzchen gefaßt
durch den Raum getragen, so wird Behutsamkeit erlebt; wird
auf einem Stuhl ein Ball von zwei Kindern balanciert, so erleben
sie Sozialverhalten, bevor sie es noch benennen konnten.

→ *Verhaltenstherapie*

Bläst man durch ein dünnes Rohr Luftstrom gegen das
Auge, so schließen sich die Augenlider. Der Luftstrom ist
für das offene Auge ein natürlicher, also ein „nicht bedingter" oder nicht konditionierter (Kondition = Bedingung) Reiz (= US), die Schließung der Augenlider eine
natürliche, nicht konditionierte Reaktion (= UR). Er-
klingt kurz vor dem Luftstrom, am günstigsten 0,2 bis 0,5
sec. vorher, ein Glockenzeichen, so verbindet sich in der
Erwartung das Glockenzeichen mit dem Luftstrom; nach
kurzer Zeit genügt das Glockenzeichen allein: Die Augenlider schließen sich, als hätte sie der Luftstrom getroffen.
So wurde aus einem ursprünglich neutralen Reiz (das
Glockenzeichen hat für die Augenlider üblicherweise
keine Bedeutung) durch die zeitliche Verbindung mit einem natürlichen Reiz (der Luftstrom reizt die Augen von
Natur aus) ein bedingter oder konditionierter Reiz (=
CS). Die Schließung der Augenlider auf den konditionier-
ten Reiz hin nennen wir eine konditionierte Reaktion (=
CR), den Vorgang **klassische Konditionierung**.

▶ Unter Konditionierung verstehen wir also den Aufbau von Reiz-Reaktion-Verbindungen im Verhalten.

Wenige Jahre nach seinen ersten Versuchen hat SKINNER eine andere Art der Konditionierung, zunächst im Tierexperiment, entdeckt: In einem Taubenkäfig war eine kleine runde Glasscheibe angebracht. Pickte die Taube gegen die beleuchtete Glasscheibe, so erhielt sie als Belohnung aus einem sinnreichen Apparat einige Körner, pickte sie gegen die unbeleuchtete Scheibe, so geschah nichts. Die Tauben haben schnell gelernt, ausschließlich gegen die beleuchtete Scheibe zu picken, und das auch bei später erschwerten Bedingungen: Erst drei-, fünf- oder auch siebenmaliges Picken brachte den Erfolg. Danach wurde es noch komplizierter: Mal mußte die Taube dreimal, dann wiederum einmal, das nächste Mal vielleicht fünfzehnmal picken, bis endlich die Körner kamen. Die fleißigste (oder gefräßigste?) Taube war bei diesem unübersichtlichen System bereit, bis zu 240mal zu picken, um die Belohnung zu erhalten. Dabei wurde eine weitere wichtige Entdeckung gemacht: Wußten die Tauben nicht, wie oft sie picken mußten, um die Körner zu erhalten, so pickten sie besonders eifrig.

SKINNER nannte den Vorgang **operantes Konditionieren** (Konditionierung durch Wirkung des Verhaltens).

Daraus entstanden in der Folgezeit verschiedene Verstärkersysteme (Belohnungssysteme), die sich im Prinzip auch auf den Menschen übertragen lassen:

● **Häufigkeitsverstärkung** (Quotenverstärkung)
– Fixierte Quotenpläne (= FQ) können von der „Immerverstärkung" (FQ = 1:1, d. h., ausnahmslos jede gewünschte Verhaltensweise wird belohnt) bis zu noch für das Individuum erträglichem Minimum, das gerade noch einen Erfolg garantiert (z. B. FQ = 30:1, d. h., auf jede dreißigste gewünschte Verhaltensweise erfolgt eine Belohnung) verringert werden.
– Variable Quotenpläne (= VQ) sind dadurch gekennzeichnet, daß eine vermutete erfolgreiche Verstärkerhäu-

figkeit (z. B. 15:1) erst über eine scheinbar zufällige Anordnung von davon abweichenden Häufigkeiten (z. B. 7:1, 8:1, 12:1, 2:1, 16:1, 9:1, 15:1, usw.) erreicht wird.

Variable Quotenpläne sind schon deshalb notwendig, weil z. B. im pädagogischen Alltag die 1:1-Verstärkung überhaupt nicht realisierbar ist.

● **Intervallverstärkung**

– Fixierte Intervallverstärkung (FI) wird dadurch erreicht, daß das Individuum nach jeder gewünschten Reaktion die Belohnung erhält, aber erst nach einer bestimmten Zeit.

– Bei der variablen Intervallverstärkung (VI) sind die Zeitabstände (Intervalle) zwischen gewünschter Reaktion und Belohnung verschieden. Es handelt sich dabei – ähnlich wie bei den variablen Quotenplänen – um ein nicht leicht durchschaubares System. Wird die variable Quotenverstärkung (Belohnung mal nach 3 oder 5 oder 17 gewünschten Reaktionen) mit der variablen Intervallverstärkung kombiniert, so wird das System praktisch undurchschaubar. Man weiß nicht, wie viele richtige Reaktionen in welchem Zeitraum nötig sind, um zu dem gewünschten Erfolg zu gelangen. Diese Kombination ergibt die dauerhafteste Wirkung.

● **Verkettete Verstärkungspläne**

In der Praxis haben sich verkettete Verstärkungspläne am besten bewährt, das heißt, sie waren am effektivsten.

Soll bei einem Kind „freundliche Zuwendung zum anderen Kind" aufgebaut werden, so verfährt man am besten nach folgendem Schema:

1. 1:1-Verstärkung, d. h., jeder Ansatz der gewünschten Verhaltensweisen muß (ausnahmslos!) belohnt werden.

2. FQ-Verstärkung. Das Kind wird erst belohnt, wenn es eine gewisse Anzahl (2, später 3, dann 5) gewünschter Verhaltensweisen gezeigt hat.

3. FI-Verstärkung: Eine bestimmte Anzahl gewünschter Verhaltensweisen muß in einem bestimmten Zeitraum erbracht werden, um die Belohnung zu erhalten.

4. VQ/VI-Kombination. Das Kind wird belohnt, dafür müssen aber in verschiedenen (unbekannten) Zeiträumen verschiedene Häufigkeiten des gewünschten Verhaltens erbracht werden. Die Belohnung erfolgt zwar sicher, aber trotzdem jedesmal gleichsam überraschend.

● **Differentielle Verstärkung**

Die differentielle Verstärkung wird nicht vom Verstärkungssystem her definiert, sondern vom Inhalt der gewünschten Reaktionen. So könnte man sich bei dem Versuch, ein mutistisches (sprechfähiges, aber nicht sprechbereites) Kind zum Sprechen zu bringen, folgenden Prozeß vorstellen:

1. Zunächst werden alle Lautäußerungen belohnt, dann nur
2. die sinnvollsten Laute, später
3. die bedeutungsvollen Lautäußerungen, zum Schluß nur noch
4. die artikulierten bedeutungsvollen Laute.

Damit ist allerdings noch nichts ausgesagt über die erste Vorbereitung des gewünschten Verhaltens wie Verhaltensformung (shaping) oder die Bereitung gewünschten Verhaltens durch andere, bereits vorhandene ähnliche Verhaltensweisen (Premack-Prinzip).

Der entscheidende Unterschied zwischen der herkömmlichen psychologischen und der verhaltenstherapeutischen (lerntheoretisch begründeten) Betrachtungsweise besteht wohl darin, daß die herkömmliche Psychologie Persönlichkeitsmerkmale des Individuums als bestimmende Grundlage seines Verhaltens betrachtet, während die Verhaltenstherapie das Verhalten als situationsbedingt ansieht. Will man einem Menschen helfen, sein Verhalten zu ändern, so muß nach der ersten Vorstellung seine Persönlichkeitsstruktur, nach der zweiten die jeweilige Situation einschließlich der darin vorhandenen Verstärkermechanismen geändert werden. Allerdings sind die Fronten heute nicht mehr so starr: Auch die Verhaltens-

therapeuten haben ihr Interesse an der Entstehung des be-
klagten Fehlverhaltens entdeckt, und auch die Analytiker
interessieren sich für situative Faktoren.

▶ Inzwischen ist die Verhaltenstherapie zu einem unverzichtbaren Teil der klinischen Psychologie geworden.
Elemente der Verhaltenstherapie können auch im erzieherischen Alltag mit Erfolg eingesetzt werden, allerdings immer nur unter dem Gesichtspunkt der ganzheitlichen pädagogischen Verantwortung der Erzieherin.

10 Die Rolle der Erzieherin

Die Erzieherin hat im Kindergarten auf die Kinder einen kaum zu überschätzenden Einfluß: Zeitweise ist sie für das kindliche Verhalten wichtiger als die Mutter. Das empfinden wohl auch die Mütter. Deshalb wenden sie sich bei erzieherischen Problemen bevorzugt an die Erzieherin und sind auch weitgehend bereit, ihre Vorschläge anzunehmen.

Geht man davon aus, daß das kindliche Verhalten – gleichzeitig die Grundlage des späteren Erwachsenenverhaltens – zu einem wesentlichen Teil nicht angeboren ist, sondern erst durch Lernprozesse erworben werden muß, so ist die Einstellung des Kindes zur Erzieherin in der Tat von entscheidender Bedeutung. Lernprozesse werden über Beobachtung und Nachahmung von „Modellen" am nachhaltigsten beeinflußt. Dazu gehören neben der Mutter, dem Vater und der Erzieherin auch die Geschwister, die übrigen Kinder im Kindergarten, bevorzugte Verwandte, Freunde und Bekannte der Familie. Aber die Erzieherin ist dabei in der Regel die einzige professionalisierte (mit einer entsprechenden Fachausbildung versehene) Bezugsperson; das erweitert sowohl ihre Möglichkeiten als auch ihre Verantwortung.

Im Freiburger Modellkindergarten hatten wir in einem mittel-
ständischen Milieu ca. 15% behandlungsbedürftige verhaltensgestörte Kinder. Wir hatten in der Forschungsgruppe eine Diplom-Psychologin mit ausreichender Erfahrung in der Kinderpsychotherapie. Trotzdem haben wir uns dazu entschlossen,
die verhaltensauffälligen Kinder nicht einer Einzeltherapie zuzu-
führen, sondern sie im pädagogischen Alltag durch die Erzieherin betreuen zu lassen.

Das hat allerdings folgende Bedingungen zur Voraussetzung:

1. Jede Gruppe wurde von zwei Erzieherinnen betreut. So
    konnte sich eine Erzieherin von Zeit zu Zeit einem Kind be-
    sonders widmen und im Sinne der teilnehmenden Beobach-
    tung wertvolle Aufzeichnungen über das allgemeine Verhal-
    ten des Kindes machen. Sie war auch imstande, das Kind an
    die Hand zu nehmen, wenn es in der Gruppe nicht mehr
    tragbar war, um es in einen anderen Raum zu führen.
2. Jede Gruppe hatte zwei Räume zur Verfügung. So konnte
    sich das auffällige Kind zurückziehen, wenn es die Gruppe
    nicht mehr vertragen konnte. Auch die eine Erzieherin hatte
    damit die Möglichkeit, sich um dieses Kind in einem eigenen
    Raum, von den übrigen Kindern getrennt, zu kümmern.
3. Die Erzieherin konnte täglich der Diplom-Psychologin über
    ihre Erfahrungen mit dem auffälligen Kind berichten und ihr
    Verhalten für den nächsten Tag aufgrund eines Beratungs-
    gesprächs immer wieder neu planen. (Grundsätzlich wäre
    auch eine Beratung zweimal in der Woche denkbar; aller-
    dings wäre das dann auch das unverzichtbare Minimum.)
4. Die Erzieherin protokollierte sowohl das tägliche Verhalten
    des Kindes nach einem abgesprochenen Schema als auch
    die erfolgten Beratungsgespräche. Das war manchmal lä-
    stig, aber unerläßlich, sonst hätte man den Therapieverlauf
    nicht verfolgen und letztlich auch nicht verantworten kön-
    nen.

Natürlich hat die Erzieherin im Laufe der Beratungsge-
spräche zusätzliche Handlungskompetenzen gewonnen.
Aber auch die Behandlung der Kinder war wesentlich effektiver, d. h., sie war zuverlässig in den Alltag eingebettet
und konnte deshalb in kürzerer Zeit mit Erfolg durchgeführt werden.

► Verhaltensauffällige Kinder im Kindergarten bedeuten in erster Linie eine Herausforderung für die Erzieherin. Will sie jedoch diesen Kindern effektiv helfen, bedarf sie in der Regel der zuverlässigen, kontinuierlichen Beratung durch eine entsprechend ausgebildete Fachkraft.

Leider ist die vielfach erhobene Forderung nach einer fachgerechten regelmäßigen Beratung der Erzieherinnen im Kindergarten durch entsprechende spezifische Einrichtungen wirkungslos geblieben. In einer kaum verständlichen Kurzsichtigkeit wird auf die Möglichkeiten der effektivsten Hilfe verzichtet und das Problem auf das Schulalter verschoben; damit dem Steuerzahler vermeidbare Unkosten und dem Kind möglicherweise irreparabler Schaden zugemutet. Die Hilfe ist nunmehr langwierig, der Erfolg zunehmend unsicher, der Aufwand kaum noch übersehbar.

Es bleibt Ihnen deshalb nichts anderes übrig, als sich an die vorhandenen Einrichtungen zu wenden: an die nächste Erziehungsberatungsstelle oder an eine Beratungsstelle für Eltern, Kinder und Jugendliche. Sie werden zwar kaum in der nötigen Regelmäßigkeit, d. h., mindestens zweimal in der Woche, Hilfe erhalten, aber doch noch im Rahmen des dort möglichen.[1]

---

[1] Hilfreiche Hinweise finden Sie in: Ingeborg Becker-Textor, Schwierige Kinder gibt es nicht – oder doch? „Problemkinder" im Kindergarten. Reihe: Praxisbuch Kindergarten. Freiburg 1990 (Bestell-Nr. 21451).

Literaturverzeichnis

Das nachfolgende umfangreichere Literaturverzeichnis, das nach den Kapiteln des Buches geordnet ist, bringt alle Werke der Autoren, auf die sich der Verfasser im Text bezieht. Darüber hinaus möchte der Verfasser Anregungen für eingehendere Auseinandersetzung mit bestimmten Detailfragen geben, die den Leser beschäftigen.

1. Was Pädagogik und Heilpädagogik gemeinsam haben, und worin sie sich unterscheiden

BACH, H.: Geistigbehindertenpädagogik, Berlin 1984/11

HANSEL, D.: Die „physiologische Erziehung" der Schwachsinnigen (Edouard Séguin 1812–1880), Freiburg 1974

HANSELMANN, H.: Einführung in die Heilpädagogik, Zürich 1976/9

ITARD, J.: Victor, das Wildkind von Aveyron, Zürich 1965

KLEIN-JÄGER, W.: Fröbel-Material zur Förderung des entwicklungsgestörten und behinderten Kindes, Heidelberg 1987

MEINERTZ/KAUSEN/KLEIN: Heilpädagogik, Bad Heilbrunn 1987

MOOR, P.: Heilpädagogik. Ein pädagogisches Lehrbuch, Bern 1974/3

OY, C. M. VON: Montessori-Material zur Förderung des entwicklungsgestörten und des behinderten Kindes, Heidelberg 1987

SAGI, A.: Heilpädagogik, in: Seidler (Hrsg.): Wörterbuch medizinischer Grundbegriffe, Freiburg 1979

2. Was wir unter Verhaltensauffälligkeit verstehen

AICHHORN, A.: Verwahrloste Jugend. Die Psychoanalyse in der Fürsorgeerziehung, Bern 1977/9

BETTELHEIM, B.: Liebe allein genügt nicht, Stuttgart 1973

Dührssen, A.: Psychogene Erkrankungen bei Kindern und Jugendlichen. Einführung in die allgemeine und spezielle Neurosenlehre, Göttingen 1982/13

Huber, F.: Pädapathologie der Verhaltensauffälligkeit: Genese, Therapie und Prophylaxe, Heidelberg 1982

Lempp, R.: Eine Pathologie der psychischen Entwicklung, Bern 1981/4

Lischke, G.: Aggression und Aggressionsbewältigung, Freiburg 1975

Pongratz, L. J.: Lehrbuch der klinischen Psychologie, Göttingen 1973

Schenk, J.: Abweichendes Verhalten, in: Hdb. der Psychologie, Bd. 8/1, Göttingen 1977

Sherif, M. and Sherif, C. W.: Social Psychology, New York 1969, S. 131 f.

Tausch, R. u. Tausch, A.: Erziehungspsychologie, Göttingen 1971/6

3. Wahrnehmungsstörungen und welche Rolle sie spielen

Affolter, F.: Wahrnehmungsgestörte Kinder: Aspekte der Erfassung und Therapie, in: Ztschr. f. Pädiatrie und Pädologie, 1977/12, S. 205 f.

Albrecht, P.: Diagnose und Therapie von Wahrnehmungsstörungen, Dortmund 1980

Bower, T.: Die Wahrnehmungswelt des Kindes, Stuttgart 1978

Delacato, C. H.: Der unheimliche Fremdling – Das autistische Kind, Freiburg 1978

Fröhlich, A. G. (Hrsg.): Wahrnehmungsstörungen und Wahrnehmungstraining, Heidelberg 1980/2

Frostig, M.: Wahrnehmungstraining – 3 Übungshefte und 1 Anweisungsheft, Dortmund 1972

Prekop, J.: Förderung der Wahrnehmung bei entwicklungsgestörten Kindern, in: Ztschr. Lebenshilfe, 1980/2/3/4

Sinnhuber, H.: Spielmaterial zur Entwicklungsförderung – von der Geburt bis zur Schulreife, Dortmund 1978

Stadler, M. u. a.: Psychologie der Wahrnehmung, München 1977/2

Vernon, M. D.: Wahrnehmung und Erfahrung, Köln 1974

4. Wie sich Sozialverhalten und Verhaltensstörung im Kinderalltag äußern

BECK, W.: Grundzüge der Sozialpsychologie, München 1954
BELLEBAUM, A.: Soziologische Grundbegriffe, Stuttgart 1983/9
FÜRSTENAU, P.: Soziologie der Kindheit, Heidelberg 1973/4
GRAUMANN, C. F.: Interaktion und Kommunikation, in: Hdb.
der Psychologie, Bd. 7/2, Göttingen 1972
SADER, M.: Rollentheorie, in: Hdb. der Psychologie, Bd. 7/1,
Göttingen 1969
SPITZ, R. A.: Hospitalism, in: Friedeman, R. (ed.): Principles of
Sociology, New York 1952
THOMAE, H.: Soziale Schichten als Sozialisationsvariablen, in:
Hdb. der Psychologie, Bd. 7/2, Göttingen 1972

5. Wer Angst hat, schlägt leichter zu – Das ängstliche und aggressive Kind

BANDURA, A. ET AL.: Transmission of Aggression through Imita-
tion of aggressive Models, in: J. abnorm soc. Psychology,
1961/Nr. 63
BERKOWITZ, L.: Aggression – A social psychological Analysis,
New York 1962
BETTELHEIM, B.: Die Geburt des Selbst, München 1977
DOLLARD, J. ET AL.: Frustration and Aggression, New Haven
1939
FREUD, S.: Hemmung, Symptom und Angst, Ges. Werke,
Bd. XIV, London 1950
–: Jenseits des Lustprinzips, Ges. Werke, Bd. XIII, London
1950
–: Neue Folge der Vorlesungen zur Einführung in die Psycho-
analyse, Ges. Werke, Bd. XV, London 1950
HARBAUER u. a. (Hrsg.): Lehrbuch der speziellen Kinder- und
Jugendpsychiatrie, Berlin 1980/4
HERRMANN, T. (Hrsg.): Psychologie der Erziehungsstile, Göt-
tingen 1972
LOEBEN-SPRENGEL, ST.: Autistische Kinder und ihre Eltern.
Veränderung der familiären Interaktion, Weinheim 1981
THIEME, G.: Leben mit unserem autistischen Kind, Lüdenscheid
1971/3

TINBERGEN, N. u. TINBERGEN, E. A.: Autismus bei Kindern, Berlin 1984

WING, L.: Das autistische Kind. Merkmale einer Behinderung und Hilfen für deren Überwindung, Ravensburg 1980/3

6. Wie späteres Schulversagen oft bereits im Kindergarten erkannt werden kann

ADLER, A.: Studien über die Minderwertigkeit von Organen, München 1907

ALBRECHT, P.: Diagnose und Therapie von Wahrnehmungsstörungen, Dortmund 1980

BÖLLING-BECHINGER, H. u. MAY, B. (Hrsg.): Psychologische Hilfen für Hörgeschädigte, Heidelberg 1983

CERWENKA, M.: Phonetisches Bilder- und Wörterbuch (Schema zur Überprüfung der Sprachentwicklung 2–6jähriger Kinder), München 1981/10

DÜHRSSEN, A.: Psychogene Erkrankungen bei Kindern und Jugendlichen, Göttingen 1982/13

FREUD, A.: Einführung in die Psychoanalyse für Pädagogen, Stuttgart 1956/3

FROSTIG, M. u. MÜLLER, H. (Hrsg.): Teilleistungsstörungen. Ihre Erkennung und Behandlung bei Kindern, München 1981

HECKHAUSEN, H.: Entwurf einer Psychologie des Spielens, in: Psychologische Forschung 27, 1964, S. 225 f.

HUBER, F.: Pädopathologie der Verhaltensauffälligkeit: Genese, Therapie und Prophylaxe, Heidelberg 1982

LEMPP, R.: Eine Pathologie der psychischen Entwicklung, Stuttgart 1981/4

OY, C. M. VON u. SAGI, A.: Lehrbuch der heilpädagogischen Übungsbehandlung, Heidelberg 1988/7

PAPST-JÜRGENSEN, H.: Sprach- und Stimmstörungen im Vor- und Grundschulalter, Hamburg 1977

PIAGET, J.: Nachahmung, Spiel und Traum, Stuttgart 1969

–: Das Erwachen der Intelligenz beim Kinde, Stuttgart 1973

RIPER, CH. VAN u. IRWIN, J. V.: Artikulationsstörungen (Diagnose und Behandlung), Berlin 1976

SCHMIDT-MUMMENDEY, A.: Aggressives Verhalten, München 1972

STENGEL, I.: Sprachschwierigkeiten bei Kindern (Früherkennung und Hilfe), Stuttgart 1974

7. Über die Sprache, die mehr als nur Kommunikationsmittel ist

ATZESBERGER, M.: Sprachaufbau, Sprachbehinderungen, pädagogische Hilfen, Stuttgart 1978
FERNAU-HORN, H.: Die Sprechneurosen, Stuttgart 1973/2
HEINZEL, J.: Das Problem des Stotterns und die verhaltenstherapeutischen Behandlungsmethoden, in: Praxis der Kinderpsychologie und der Kinderpsychiatrie 1976/6
HÖRMANN, H.: Psychologie der Sprache, Heidelberg 1977/2
JAKOBSON, R.: Kindersprache, Aphasie und allgemeine Lautgesetze, Frankfurt/Main 1972
KAINZ, F.: Die Sprachentwicklung im Kindes- und Jugendalter, München 1970
SEEMAN, M.: Sprachstörungen bei Kindern, Berlin 1969/3
TUNNER, W.: Analyse und Modifikation des Stotterns, in: Kraiker, Ch. (Hrsg.): Hdb. der Verhaltenstherapie, München 1974
WESTRICH, E.: Sprach- und Sprechstörungen (Sprachbehinderungen), in: Hdb. der Psychologie, Bd. 8/2, Göttingen 1978

8. Wofür psychosomatische Störungen unübersehbare Warnzeichen sind

APLEY/MACKEITH/MEADOW: Das Kind und seine Symptome, 1983/2
BECK, D.: Krankheit als Selbstheilung. Wie körperliche Krankheiten ein Versuch zur seelischen Heilung sein können, Frankfurt/Main 1981
BIERMANN, G. (Hrsg.): Handbuch der Kinderpsychotherapie, Bd. 2, München 1973/3
BLOHMKE, M. (Hrsg.): Psychosoziale Faktoren und Krankheit, Stuttgart 1980
ELHARDT, S.: Aggression als Krankheitsfaktor, Göttingen 1974
FREUD, A.: Das Ich und die Abwehrmechanismen, München 1964
STEGAT, H.: Enuresis, in: Hdb. der Psychologie, Bd. 8/2, Göttingen 1978
ZIMPRICH, H.: Kinderpsychosomatik, Stuttgart 1984

9. Methoden, die helfen können

AXLINE, V. M.: Kinder-Spieltherapie im nicht-direktiven Verfahren, München 1984/6

BASLER, H. D. u.a.: Verhaltenstherapie bei psychosomatischen Erkrankungen, Stuttgart 1979

BLÖSCHL, L.: Grundlagen und Methoden der Verhaltenstherapie, Bern 1974/4

CHATEAU, J.: Das Spiel des Kindes, Paderborn 1969

FREUD, A.: Einführung in die Psychoanalyse für Pädagogen, Stuttgart 1956/3

GOETZE, H. U. JAEDE, W.: Die nicht-direktive Spieltherapie, 1974/2

HURLOCK, E. B.: Die Entwicklung des Kindes, Weinheim 1970

KALLINKE, D. u.a.: Die Behandlung von Zwängen, München 1979

KANFER, F. H. U. PHILLIPS, J. S.: Lerntheoretische Grundlagen der Verhaltenstherapie, München 1975

KLEIN, M.: Die psychoanalytische Spieltechnik, in: Das Seelenleben des Kleinkindes, Stuttgart 1962

KRAIKER, CH. (Hrsg.): Handbuch der Verhaltenstherapie, München 1974

KRAMER, J.: Der Sigmatismus (Bedingungen und Behandlungen), Solothurn 1967

MOTSCH, H.-J.: Problemkreis Stottern (theoretische und therapeutische Neuorientierung), Berlin 1982/2

NEIKES, J. L.: Scheiblauer Rhythmik, Düsseldorf 1969

OY, C. M. VON U. SAGI, A.: Lehrbuch der heilpädagogischen Übungsbehandlung, Heidelberg 1988/7

PAPST-JÜRGENSEN, H.: Sprach- und Stimmstörungen im Vor- und Grundschulalter, Hamburg 1977

RIPER, CH. VAN U. IRWIN, J. W.: Artikulationsstörungen (Diagnose und Behandlung), Berlin 1976

SCHRAML, W.: Das psychodiagnostische Gespräch (Exploration und Anamnese), in: Hdb. der Psychologie, Bd. 6, Göttingen 1964/2

SCHRAML, W.: Formen der psychologischen Anamnese, in: Hdb. der Psychologie, Bd. 6, Göttingen 1964/2

SIELAND, B. U. SIEBERT, M.: Klinische Psychologie für Pädagogen, Frankfurt/Main 1979

ZULLIGER, H.: Heilende Kräfte im kindlichen Spiel, Stuttgart 1952

Stichwortverzeichnis

Aggressive Gehemmtheit 64
Aggressivität 52
 – beobachtete 54
 – erlittene 54
Aktivierungssyndrom 49
Anamnese 109
Anamnesenschema 112
Angst 50
Anpassung 39
Autonomie, soziale 11

Beobachtung, systematische 103
Blasenkontrolle 90
Beziehungsaspekt 42

Daumenlutschen 97
Diagnostische Methoden 101
Differentielle Verstärkung 128
Diuresis 89

Einnässen 89
Elterngespräch 58
Enuresis 89

Erlebniszusammenhang 112
Erziehung 10

Frustration-Aggression-Hypothese 53
Funktionsspiele 121

Geborgenheit 39
Gegensatz 39

Haarausreißen 100
Häufigkeitsverstärkung 126
Handeln
 – heilpädagogisches 12
 – situationsgebundenes 44
Harndrang 90
Heilpädagogische
 Rhythmik 123
Heilpädagogische
 Spieltherapie 117
Heilpädagogische
 Übungsbehandlung 120

Inhaltsaspekt 42

Intentionale Lücken 61
Intentionale Stufe 29
Intermodalitätsstufe 28
Intervallverstärkung 127

Kategorien-System 105
Kindersprache 76
Körperschema 31
Kommunikation 42
Konditionierung
– klassische 125
– operante 126
Konsequenz 108
Konstruktionsspiele 122
Kontingenzverhältnis 108

Legasthenie 65

Modalitätsstufe 27

Nägelkauen 98
Neurotische
Leistungsminderung 61

Norm
– allgemeine 20
– individuelle 18
– soziokulturelle 17
– statistische 16

Organismus 108
Orientierungsschwäche 71

Poltern 81
Prägnanz 69
Pragmatik 73

Reaktion 108
Regelspiele 122
Reiz 108
Rollenspiele 122

Schätz-Skalen-System 106
Schulversagen 60
Sematik 73
Serialstufe 29
Sozialverhalten 37

Spielhemmung 62   Wahrnehmungsstörung 23
Sprache 72   Wahrnehmungstraining 33
Sprachstörung 78   Wut 49
Sprechverlauf 73
Stammeln 79   Zeichen-System 105
Stimulus 108
Stottern 83
Symbolbildung 66
Symbol-Stufe 30
Synästhesie 66
Syntaktik 73

Transfer 73
time out 57

Verhalten, abweichendes 15
Verhaltensanalyse 108
Verhaltensbeobachtung 102
Verhaltenstherapie 125
Verkettete Verstärkungspläne 127
Verstärkersysteme 126

Wahrnehmung 24

Lebensraum Kindergarten

Pädagogische Anregungen für Ausbildung und Praxis.

Hrsg. vom Ministerium für Kultus und Sport Baden-Württemberg unter Beratung der freien und kommunalen Trägerverbände der Kindergärten. Mit 86 ein- und mehrfarbigen Fotos und Abbildungen. 270 Seiten. Gemeinsam mit dem Verlag E. Kaufmann, Lahr. ISBN 3-451-19296-9.

Ausgabe Nordrhein-Westfalen: ISBN 3-451-19987-4

„Lebensraum Kindergarten" stellt umfassend die Grundlagen für die pädagogische Arbeit im Kindergarten dar. Das Werk wurde erarbeitet von Pädagogen aus der Kindergartenpraxis und der Erzieher- und Lehrerausbildung auf der Basis umfangreicher Versuchsreihen im Elementarbereich. In seiner Konzeption geht es von einer ganzheitlichen Erziehung und Bildung des Kindergartenkindes aus. Die didaktischen Ansätze der einzelnen Schwerpunkte sind durch die Vielfalt pädagogischer Ausprägungen im Kindergartenbereich bestimmt. Erzieher im Beruf und in der Ausbildung finden in „Lebensraum Kindergarten" eine Fülle von Material.

Inhalt:
Grundlagen – Schwerpunkte der Kindergartenpädagogik: Spielen – Soziales Lernen – Religiöse Erziehung (evangelisch – katholisch) – Sprechen und Sprache – Ästhetische Erziehung – Rhythmisch-musikalische Erziehung – Bewegungserziehung – Erfahrungen mit der Umwelt (Natur und Technik) – Verkehrserziehung – Pädagogische Hilfen für die Arbeit mit ausländischen Kindern im Kindergarten – Vom Umgang mit Kindern, die schwieriges Verhalten zeigen – Ausblick: Vom Kindergarten zur Grundschule.

Durch jede Buchhandlung erhältlich.

Verlag Herder Freiburg · Basel · Wien

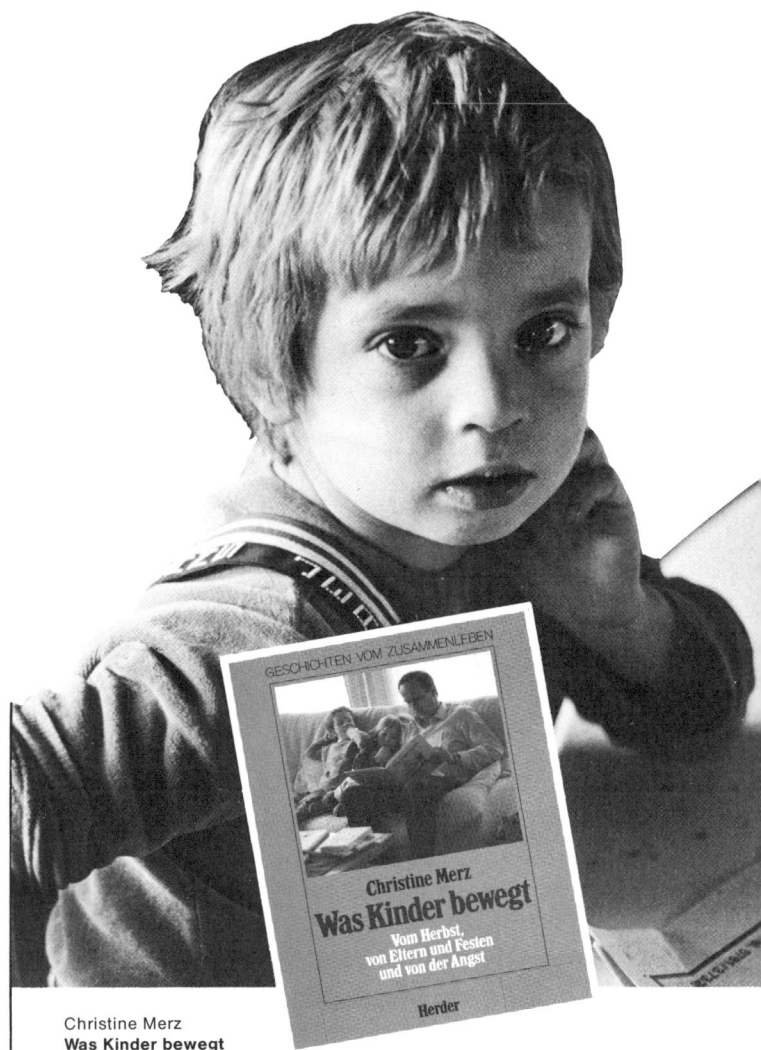